Kohlhammer

Soziale Arbeit – kompakt & direkt

Herausgegeben von Rudolf Bieker und Heike Niemeyer

Eine Übersicht aller lieferbaren und im Buchhandel angekündigten Bände der Reihe finden Sie unter:

https://shop.kohlhammer.de/soziale-arbeit-kompakt-direkt

Die Autorinnen und der Autor

Dr.in Anna Lena Rademaker ist Sozialarbeiterin und seit 2020 Professorin für Soziale Arbeit im Gesundheitswesen an der Hochschule Bielefeld (HSBI) am Fachbereich Sozialwesen. Sie beschäftigt sich mit Fragen gesundheitlicher Chancenungleichheit mit Sozialer Arbeit in gesundheitsorientierten Handlungsfeldern und Diagnostik in der Sozialen Arbeit.

Jan Josupeit ist Lehrkraft für besondere Aufgaben an der Hochschule Bochum im Fachbereich Gesundheitswissenschaften. Er beschäftigt sich mit Gesundheitsförderung bei Kindern und Jugendlichen, Kognitiver Psychologie und Sozialpsychologie, Persönlichkeitsentwicklung sowie Psychometrie und Diagnostik.

Dr.in Eike Quilling ist Professorin für Gesundheitsförderung und Beratung in der Sozialen Arbeit an der Hochschule Bochum im Fachbereich Gesundheitswissenschaften. Sie beschäftigt sich mit Fragen der Gesundheitsförderung und Prävention in verschiedenen Lebenswelten.

Anna Lena Rademaker
Jan Josupeit
Eike Quilling

Gesundheitsförderung in der Sozialen Arbeit

Verlag W. Kohlhammer

1. Auflage 2026

Gesamtherstellung: W. Kohlhammer GmbH, Heßbrühlstr. 69, 70565 Stuttgart
produktsicherheit@kohlhammer.de

Print:
ISBN 978-3-17-043030-3

E-Book-Formate:
pdf: ISBN 978-3-17-043031-0
epub: ISBN 978-3-17-043032-7

Vorwort der Reihenherausgeber*innen

Ergänzend zu klassischen Lehrbüchern geht es in der neuen Reihe »Soziale Arbeit – *kompakt & direkt*« um die vertiefende Bearbeitung spezieller Themen- und Fragestellungen aus der Sozialen Arbeit und ihren Bezugsdisziplinen, z. B. theoretische Konzepte, spezifische Methoden, Arbeitsfelder oder soziale Probleme. *Kompakt und direkt* heißt die neue Reihe, weil sie in der Präsentation der Inhalte auf das konzentriert ist, was Lernende über das ausgewählte Thema wissen und für Studienleistungen und Prüfungen zielgenau aufbereiten können sollten.

Zielgruppen der Reihe sind jedoch nicht nur Studierende im Bachelor- oder Masterstudium, sondern auch Berufseinsteiger*innen und Praktiker*innen, die autodidaktisch oder in Fortbildungen Anschluss an den aktuellen wissenschaftlichen Diskurs halten wollen.

Der fokussierte Zuschnitt der Bände spiegelt sich in einem innovativen Buchformat, das Leser*innen Überschaubarkeit im Umfang und eine gut strukturierte Textpräsentation bietet. Zentrale Sachverhalte werden anhand von Praxisbeispielen und Abbildungen veranschaulicht. Didaktische Elemente wie Begriffserläuterungen, Textcontainer, Reminder, Essentials, kurze Zusammenfassungen, Piktogramme etc. erleichtern das Erfassen, Speichern und Wiederaufrufen der Inhalte.

Die Autor*innen der Bände sind durch ihre wissenschaftliche Expertise ausgewiesen, schreiberfahren und stehen in der Regel mit Studierenden und Praxisfeldern in engem Kontakt.

Rudolf Bieker und Heike Niemeyer, Köln

Zu diesem Buch

Gesundheit ist ein konstitutiver Bestandteil des Alltags der Menschen. Sie entsteht im Alltag und kann durch die Lebensweise und alltägliche Umstände gefördert und gestört werden. Gesundheit kann aber auch bei Belastung, Erkrankung oder Störung im Alltag wieder hergestellt werden. Nur ein Teil der gesundheitlichen Beeinträchtigungen können und werden von Expert*innen des Gesundheitswesens behandelt. Vielfach helfen sich die Menschen im sogenannten Laiengesundheitssystem selbst (»Selbsthilfe«), in der Familie, Freundes- und Bekanntenkreis, in der Schule, dem Betrieb, im Quartier oder weiteren sozialen (auch digitalen) Beziehungen und Netzwerken. Hierbei stehen ihnen unterschiedliche – ungleiche bzw. ungerecht verteilte – Chancen zur Verfügung. Sozioökonomische Benachteiligung, Marginalisierung, Diskriminierung sind dabei von besonderer Bedeutung für gesundheitsbezogene Ungleichheit. Prekäre Lebenslagen nehmen einen unmittelbaren Einfluss auf die Chancen, sich gut und gesund im Alltag verwirklichen zu können. Vor diesem Hintergrund ist die Förderung von gesundheitsbezogener Chancengerechtigkeit eine wesentliche und wichtige Aufgabe Sozialer Arbeit und damit Thema dieses Buches.

Ziel des Buches ist es, dass Studierende und Lehrende in den Studiengängen Sozialer Arbeit und Sozialarbeitende selbst die z. T. subtil im Alltag einflussnehmenden Mechanismen sozial bedingter gesundheitlicher Ungleichheit besser verstehen und systematisch im Rahmen ihres professionellen Handelns bearbeiten können. Soziale Arbeit hat als Menschenrechtsprofession einen klaren Auftrag zur Förderung gesundheitsbezogener Chancengerechtigkeit. Mit dem vorliegenden Buch soll ein Beitrag geleistet werden, damit Fachkräfte Sozialer Arbeit sich ihrem Potenzial und ihrer Handlungsfähigkeit zur Stärkung gesundheitsfördernder Verhältnisse bewusster werden und ihre Kompetenzen gezielter im Praxisalltag anwenden können.

Gesundheit verstehen wir als ein bio-psycho-soziales Phänomen, welches das subjektive Wohlbefinden maßgeblich prägt. Die Betonung liegt neben biologischen und psychologischen Faktoren besonders auf der sozialen Komponente von Gesundheit. Mit dem Begriff des subjektiven Wohlbefindens wird deutlich, dass Gesundheit ein subjektbezogenes, individuelles Konstrukt darstellt. Jeder Mensch verfügt über eigene, in der Biografie und Erfahrungen mit dem Körper, der Psyche und sozialen Aspekten von Wohlbefinden erworbene Vorstellungen von Gesundheit und ihrer Aufrechterhaltung im Alltag. Diese Vorstellungen entstehen im sozialen Milieu, in der Sozialisation und unter den vorherrschenden gesellschaftlichen Rahmenbedingungen. Sie können verstanden werden als ein Resultat von subjektiv und kollektiv hergestellten und formierten »guten Sitten« im Umgang mit der Gesundheit. Demnach stehen auch in der Gesundheitsförderung das Individuum und die Gesellschaft in einem der Sozialen Arbeit innewohnenden Wechselverhältnis und sind in Maßnahmen einzubeziehen.

Die Soziale Arbeit weist ein besonderes Potenzial auf: Sie setzt im Alltag der Menschen an, dort wo sie ihre Gesundheit herstellen, arbeitet lebensweltorientiert, entdeckt und fördert Ressourcen, empowert und fördert Partizipation und setzt sich anwaltschaftlich für Menschen in prekären Lebenslagen ein, auch im (fach-)politischen Diskurs. Sie verleiht ›hard-to-reach‹-Adressierten und nicht gehörten Menschen eine Stimme und weist auf gesundheitsgefährdende Lebensverhältnisse hin, um diese strukturell zu verändern. Damit fördert Soziale Arbeit die Gesundheit der Menschen, mit denen sie arbeitet, aber sie macht ihre professionelle Praxis lebensweltbezogener Gesundheitsförderung nicht immer explizit. Sozialarbeitenden mangelt es mitunter an (fach-)theoretischem Wissen um Gesundheitsförderung aus der Perspektive Sozialer Arbeit, dem gesundheitsfördernden Potenzial der ihr innewohnenden Konzepte und Methode sowie einem forschenden Blick auf Gesundheit im Alltag.

Bielefeld, November 2025
Anna Lena Rademaker, Jan Josupeit, Eike Quilling

Inhalt

1 Auftrag Sozialer Arbeit und gesundheitliche Chancengerechtigkeit

☞ Überblick

Dieses Kapitel widmet sich dem Auftrag Sozialer Arbeit und der gesundheitlichen Chancengerechtigkeit. Ausgehend von der Definition Sozialer Arbeit wird dargestellt, inwieweit Gesundheit als bio-psychosoziales Phänomen und subjektives Wohlbefinden wesentlicher Bestandteil des Alltags der Menschen ist. Dies ermöglicht eine unmittelbare Überführung in sozioökonomisch bedingte gesundheitliche Ungleichheit und die Klärung der Frage, inwieweit Soziale Arbeit, orientiert an den Menschenrechten und mit dem Ziel von Ermächtigung, einen Beitrag zu mehr gesundheitsbezogener Chancengerechtigkeit leisten kann.

Der Auftrag Sozialer Arbeit im Kontext gesundheitlicher Chancengerechtigkeit begründet sich über ihre internationale Definition (IFSW 2014, 2008; DBSH 2016) und die Definition von Gesundheit (Franzkowiak, Homfeldt & Mühlum 2011: 59): »Health is a state of complete physical, mental and social well-being and not merely the absence of disease or infirmity.« (WHO 1948) Weiter wird ausgeführt: »The enjoyment of the highest attainable standard of health is one of the fundamental rights of every human being without distinction of race, religion, political belief, economic or social condition.« (WHO 1948)

Damit verweist die WHO auf

1. Gesundheit als mehrdimensionales, bio-psycho-soziales Phänomen,
2. ein positives Gesundheitsverständnis, welches Gesundheit nicht nur als Abwesenheit von Krankheit versteht,
3. ein subjektives Sich-Befinden in dem Begriff des Wohlbefindens (well-being) und
4. das Recht auf Gesundheit, unabhängig von Herkunft, Religion, politischer Gesinnung, ökonomischen oder sozialen Bedingungen der Menschen.

Obwohl die Gesundheitsdefinition der WHO nicht kritikfrei zu betrachten ist, erweist sie sich als anschlussfähig an den Auftrag Sozialer Arbeit. Sie begründet einen ganzheitlichen Ansatz, der die soziale Dimension von Gesundheit einbezieht, und fokussiert mit ihrer positiven Ausrichtung auf Gesundheit ein ressourcenorientiertes und befähigendes, empowerndes Handeln. Ein weiterer Aspekt ist in der Hervorhebung von Gesundheit als Wohlergehen (»well-being«) zu sehen, mit der die subjektive Perspektive in den Mittelpunkt gestellt wird (Rademaker 2018, S. 19). Dieses subjektive Wohlbefinden impliziert ein individuell und gesellschaftlich hervorgebrachtes Konstrukt von Gesundheit, das von der jeweiligen Perspektive beeinflusst wird. Was Gesundheit ist, kann nicht allein von Expert*innen definiert werden. Vorherrschende Expert*innenmeinungen über Gesundheit beeinflussen zwar subjektive Gesundheitskonzepte und Vorstellungen der Menschen, schlussendlich konstruiert aber jeder Mensch selbst, was zu einem *Sich-gesund-Fühlen* und der Gesundheit im Alltag beiträgt oder sie gefährdet (Faltermaier 2020). So kommen wir kaum umhin, Gesundheit in ihrer lebensweltlichen Bedingtheit zu betrachten (Rademaker 2018). Ein Symptom wie ein Hautausschlag oder eine Suchterkrankung können in der einer Situation belastend und in einer ganz anderen nicht belastend für das Individuum erscheinen.

1.1 Subjektorientierte Alltagskonstruktionen von Gesundheit

Die subjektorientierten Alltagskonstruktionen von Gesundheit stehen in einem engen Zusammenhang mit den äußeren Bedingungen. Sie sind als subjektive Interpretationen von Gesundheit und Krankheit zu verstehen, als Theorien, wie Gesundheit und Krankheit im Alltag aufrechterhalten werden und was als gesundheitsförderliches Verhalten erachtet wird. Sie legen dar, welche Einstellungen und Motive Menschen in Bezug auf ihre Gesundheit bewegen, inwieweit sie sich als einflussmächtig auf ihre Gesundheit verstehen und welchen Wert Gesundheit für die Menschen in ihrem Alltag hat. Subjektorientierte Alltagskonstruktionen von Gesundheit bilden damit eine wesentliche Grundlage für die Menschen (bewusst oder unbewusst) zu entscheiden, ob und inwieweit sie in ihre Gesundheit investieren (Zeit, Engagement, Arztbesuche u. v. m.). Zudem beeinflussen sie, welche eigenen Fertigkeiten und Fähigkeiten (Kommunikationsfähigkeiten, Körperwahrnehmung, alltägliche Skills wie Einkaufen oder Kochen) sowie umweltbezogene Ressourcen (Freunde, Nachbarn, Angebote des Gesundheitswesens) den Menschen dabei helfen, sich als handlungsmächtig zu begreifen und Einfluss auf ihre Gesundheit zu nehmen.

Die Alltagskonstruktionen von Gesundheit entstehen einerseits vor dem Hintergrund individueller Wissensbestände, den Erfahrungen und dem Verständnis von Gesundheit einzelner Menschen und hängen andererseits von milieuspezifischen und habitualisierten Alltagsverständnissen und -praktiken ab. Diese bilden sich im Laufe des Lebens in einer dynamischen Mensch-Umwelt-Interaktion heraus und können z. B. über das alltägliche Verständnis des Zusammenspiels diagnostizierbarer Symptome und einer damit einhergehenden subjektiv wahrgenommenen Belastung oder Einschränkung im Alltag erforscht werden (Schramme 2012). Diese hybride Auffassung verweist darauf, Krankheit stärker in ihrer für das Individuum wahrnehmbaren Belastungswahrnehmung zu verstehen (siehe hierzu u. a. Flick 1998; Schütze 1973; Boltanski 1976; Vester 2009). Gesundheit rückt so in den Fokus eines Zusammenspiels gesellschaftlicher Wertvorstellungen, Medien, normativer Zwänge und

Beziehungen sowie Interaktionen im sozialen Milieu, in der Familie und in der Peer-Group. Die subjektorientierten Alltagskonstruktionen von Gesundheit bilden damit eine wichtige Perspektive für die Soziale Arbeit, um Ursachen gesundheitlicher Ungleichheit besser zu verstehen.

1.2 Sozioökonomisch bedingte gesundheitliche Ungleichheit

Die Chancen auf Gesundheit sind in unserer Gesellschaft ungleich verteilt. Menschen, die in benachteiligten Lebenswelten leben, weisen oft auch einen riskanteren Lebensstil auf und befinden sich in riskanteren Lebenslagen. Beispielsweise nehmen Obdachlosigkeit, Flucht oder Gewalt wesentlich Einfluss auf die Möglichkeiten, einen gesundheitsförderlichen Lebensstil pflegen und sich aktiv um die eigene Gesundheit kümmern zu können. In Zeiten gesellschaftlicher Transformationsprozesse und (multipler) Krisen nehmen diese und weitere gesundheitliche Ungleichheiten zu. Armut, Zugang zu Bildung, Arbeit, Wohnen und soziale Netzwerke beeinflussen wie wohlfahrtsstaatliche Sicherungssysteme, der Klimawandel, gesellschaftliche und räumliche Disparitäten, Rassismus und Demokratiefeindlichkeit die bio-psycho-soziale Gesundheit der Menschen. Wichtig für die Soziale Arbeit ist es demnach, gesundheitliche Risiken für bestimmte Gruppen von Adressat*innen zu kennen. Hierzu kann sie auf die regelmäßig erscheinende Gesundheitsberichterstattung (GBE) zurückgreifen.

Exkurs: Gesundheitsberichterstattung (GBE) in Deutschland

Seit 2008 führt das Robert Koch-Institut (RKI) ein kontinuierliches Gesundheitsmonitoring in Deutschland durch. Dadurch können Entwicklungen im Krankheitsgeschehen sowie im Gesundheits- und Risikoverhalten in Deutschland beobachtet (Kurth 2012) sowie Trends und Veränderungen der gesundheitlichen Lage identifiziert werden. Das Gesundheitsmonitoring findet im Auftrag des Bundesministeriums für Gesundheit statt. Die Studien liefern bundesweit repräsentative Gesundheitsinformationen, sowohl zu Kindern und Jugendlichen (KIGGS) als auch Erwachsenen (GEDA, DEGS) (Robert Koch-Institut 2021; Kurth 2012).

1. Gesundheit in Deutschland aktuell (GEDA): Bei GEDA handelt es sich um eine jährlich ein- bis zweimal durchgeführte telefonische Querschnittsbefragung der Wohnbevölkerung ab 18 Jahren. Dabei werden u. a. Zusammenhangsanalysen von sozioökonomischer Lebenslage, Gesundheitszustand, Gesundheitsverhalten und Inanspruchnahme gesundheitlicher Versorgung durchgeführt. Der Vergleich der Daten mehrerer Jahre erlaubt Trendanalysen sowie eine rasche Bestandsaufnahme von Änderungen des Gesundheitszustands oder des Gesundheitsverhaltens.
2. Deutscher Erwachsenen-Gesundheits-Survey (DEGS): Bei dem DEGS handelt es sich um einen periodisch durchgeführten Befragungs- und Untersuchungssurvey zur Erhebung verschiedener gesundheitsrelevanter Personenmerkmale (Größe und Gewicht, Blutdruck, körperliche Funktionsfähigkeit, u. v. m.) und vertieften Bearbeitung spezifischer Gesundheits- oder Krankheitsprobleme. Es werden Quer- und Längsschnittstudien durchgeführt.
3. Kinder- und Jugendlichen-Gesundheits-Studie (KiGGS): Erstmals 2007 lagen Daten der Basiserhebung mit 17.641 teilnehmenden Jungen und Mädchen im Alter von 0 bis 17 Jahren vor. Die KiGGS wird seit dem als Kohortenstudie fortgeführt. Zusätzlich werden kontinuierlich neue Kinder in die Erhebung einbezogen, um im Ergebnis aktuelle Quer- und Längsschnittdaten über die Gesundheit der Kinder und Jugendlichen von 0 bis 17 Jahren in Deutschland zu erhalten.

Die Studien des RKI ermöglichen Erkenntnisse zu Entwicklungen der gesundheitlichen Lage und zu Ursachen und Bedingungen gesundheitlicher Veränderungen. Gewonnene Daten werden für die Forschung genutzt und fließen in die Gesundheitsberichterstattung des Bundes (GBE) ein. Die Ergebnisse werden darüber hinaus dazu verwendet, um wissenschaftlich fundierte Entscheidungen treffen zu können, sowie zur Konzeption zielgerichteter Maßnahmen zur gesundheitlichen Vorsorge, Versorgung, Gesundheitsförderung und Prävention.

Sozioökonomisch bedingte gesundheitliche Ungleichheit
Die Daten des RKI zeigen einen eindeutigen Einfluss des sozioökonomischen Status auf die Gesundheit und Lebenserwartung. Personen mit niedrigem Sozialstatus sind vermehrt von chronischen Krankheiten, psychosomatischen Beschwerden, Unfallverletzungen sowie Behinderungen betroffen. Sie schätzen ihre eigene Gesundheit schlechter ein und berichten häufiger von gesundheitsbedingten Einschränkungen in der Alltagsgestaltung (Robert Koch-Institut 2021). Die KIGGS-Welle 2 (2018) zeigt, dass es bereits im Kindes- und Jugendalter einen engen Zusammenhang zwischen der sozioökonomischen und der gesundheitlichen Lage gibt. Obwohl die überwiegende Mehrheit der Kinder und Jugendlichen in Deutschland gesund aufwächst, belegen die Ergebnisse, dass Kinder und Jugendliche mit niedrigem sozioökonomischem Status (SES) einen schlechteren allgemeinen Gesundheitszustand und häufiger gesundheitsbezogene Einschränkungen aufweisen.

Der unmittelbare Zusammenhang sozioökonomischer und gesundheitlicher Ungleichheit legt nahe, dass die Förderung der Determinanten von Gesundheit (► Kap. 2.2) explizite Gesundheitsförderung darstellt. Hierzu zählen insbesondere die Armutsbekämpfung, niedrigschwellige Zugänge und gerechte Bildungssysteme, Ausbildung und Arbeit, Wohnraum, der Zugang zu sozialen Sicherungs- und Versorgungssystem, Mobilität u. v. m. Diese kann auf individueller Ebene in der Förderung von Gesundheitsressourcen und Resilienz (► Kap. 2.5, ► Kap. 3.4) erfolgen, auf einer sozialraum- und lebensweltorientierten Ebene (► Kap. 3.2), strukturell in kommunalen Allianzen (► Kap. 3.8) und dem Settingansatz (► Kap. 3.5). Hinzu kommt die politisch-gesellschaftliche Ebene durch die Gesetzgebung und entsprechenden Rahmenkonzepte. Sie bereitet die strukturelle Grundlage für eine am Setting orientierte Gesundheitsförderung (▶ Kap. 5, ▶ Kap. 6, ▶ Kap. 7) und eine Stärkung der Gesundheit benachteiligter Bevölkerungsgruppen, z.B. über Maßnahmen des Öffentlichen Gesundheitsdienstes.

1.3 Gesundheitliche Chancengerechtigkeit und der Capability Approach

Gesundheit wird zu einem menschlichen Grundrecht erklärt, das allen Menschen unabhängig von ihrer sozialen oder ökonomischen Lage zusteht: »The right to health is a fundamental part of our human rights and of our understanding of a life in dignity.« (OHCHR 2008) Daraus lässt sich umgekehrt eine gesellschaftliche Verpflichtung ableiten (Franzkowiak/Homfeldt/Mühlum 2011, S. 60), sich für die Herstellung gesundheitlicher Chancengleichheit zu engagieren und die dafür erforderlichen bestmöglichen politischen, sozialen, ökologischen bzw. ökonomischen Voraussetzungen zu schaffen.

Health: a Social Work Issue

Die International Federation of Social Workers (IFSW) hält fest:

»Health is an issue of human rights and social justice. These two central social work values frame IFSW's understanding that all people have an equal right to enjoy the social conditions that underpin human health and to access services and other resources to promote health and deal with illness.« (IFSW 2008)

In der Menschenrechtserklärung der Vereinten Nationen (UN) werden fundamentale Rechte genannt, die für die Gesundheit von Bedeutung sind (Allgemeine Erklärung der Menschenrechte [Resolution 217 A (III) der Generalversammlung der Vereinten Nationen vom 10. Dezember 1948]). Das Recht

- auf Leben, Freiheit und Sicherheit,
- zur Beteiligung an der politischen Entscheidungsfindung,
- auf Bildung und auf gerechte und günstige Arbeitsbedingungen,
- auf einen Lebensstandard, der die Gesundheit und das Wohlergehen der eigenen Person und der Familie gewährleistet, einschließlich Nahrung, Kleidung, Wohnraum und medizinischer Versorgung sowie notwendiger sozialer Dienste,
- auf Sicherheit.

Das Leben und Wohlergehen der Menschen wird aufgrund der Bedingungen, unter denen sie aufwachsen, leben, wohnen und arbeiten, beeinflusst. Diese teils subtil im Alltag die Gesundheit formierenden Mechanismen gilt es zu identifizieren und besser zu verstehen. Hierzu kann als theoretisch-analytische Grundlage der auf Verwirklichung zu einem guten Leben ausgerichtete Capability Approach (CA) dienen (Nussbaum 2012; Ziegler 2011; Bittlingmeyer/Ziegler 2012). Dieser von dem indischen Wirtschaftswissenschaftler und Philosophen Amartya Sen begründete Ansatz eröffnet eine Analyse von sogenannten Realfreiheiten der Menschen, also den real zur Verfügung stehenden Optionen, im Alltag verschiedene *Functionings* verwirklichen zu können (Sen 2005). Diese *Functionings* verstehen sich als Einstellungen, Werte, Normen und Fertigkeiten, die Menschen mit guten Gründen wertschätzen können, wie z. B. sich gut zu ernähren, bilden und entwickeln zu können. Etwas mit guten Gründen wertschätzen zu können, bezieht Nussbaum, eine weitere prominente Vertreterin des CA, auf die Verwirklichung eines guten Lebens. Dabei geht es ihr einerseits um die subjektive Verwirklichung individuellen Wohls. Andererseits legt sie diesem individuellen Wohlbefinden eine Liste von normativ zu erreichenden sog. Grundfreiheiten zugrunde, die jedem Menschen in einer gerechten Gesellschaft ermöglicht werden sollten. Diese *Capabilities* sind dann die Freiheiten, *Functionings* tatsächlich verwirklichen zu können. Sie werden als verschiedene

Kombinationen von »beings and doings«, die eine Person erreichen kann, verstanden. Es handelt sich dabei um die ihr real zur Verfügung stehenden (Handlungs-)Optionen. Personale und soziale bzw. umweltbezogene Ressourcen können also helfen, alltäglichen Anforderungen zu begegnen. Sie allein reichen aber nicht aus, um (Handlungs-)Optionen und reale Freiheiten zu entfalten. Hierzu bedarf es eines kritischen Blicks in die Lebenswelt der Menschen, und inwieweit diese »doings and beings« begrenzt.

Grundfreiheiten

Nussbaum legt eine Liste von Grundfreiheiten zugrunde, die jede Gesellschaft für ihre Bürger*innen anstreben sollte und die bei Messungen der Lebensqualität eine Rolle spielen sollten (Nussbaum 2016, S. 200). Ihr geht es bei der Liste um einen normativen Rahmen für Anstrengungen zur Schaffung von Strukturen, die es den Menschen ermöglichen, Fähigkeiten und Handlungsweisen zu erreichen (die Liste ist nachzulesen in Nussbaum 2016, S. 200–202)

Der Capability Approach (► Abb. 1) fragt also nach der Erfassung und Bewertung von Lebensaussichten von Menschen unter Berücksichtigung ihrer Diversität. Er verweist dabei auf das komplexe Zusammenspiel von Infrastrukturen, verfügbaren und mobilisierbaren Ressourcen und den Verwirklichungschancen der Menschen im Sinne einer gesundheitsbezogenen Agency (Rademaker 2018).

Motive und Deutungsmuster der einzelnen Menschen mögen differieren, aber die Grundfreiheiten als Konzeption eines guten Lebens sind aus der gerechtigkeitstheoretischen Perspektive Nussbaums durch die Schaffung gesellschaftlicher Strukturen zu bewahren. Der CA erweitert damit den Blick von kulturellen und sozialen Praktiken der Menschen auf die Machtkonstellationen von Institutionen (Otto et al. 2013) und auf den »materiell und institutionell strukturierten Raum gesellschaftlicher Möglichkeiten zu einem akteursbezogenen Raum individueller Bedürfnisse und Handlungsbefähigungen mit Blick auf die Ermöglichung einer selbstbestimmten Lebenspraxis« (Ziegler 2009, S. 138). Der tatsächlich

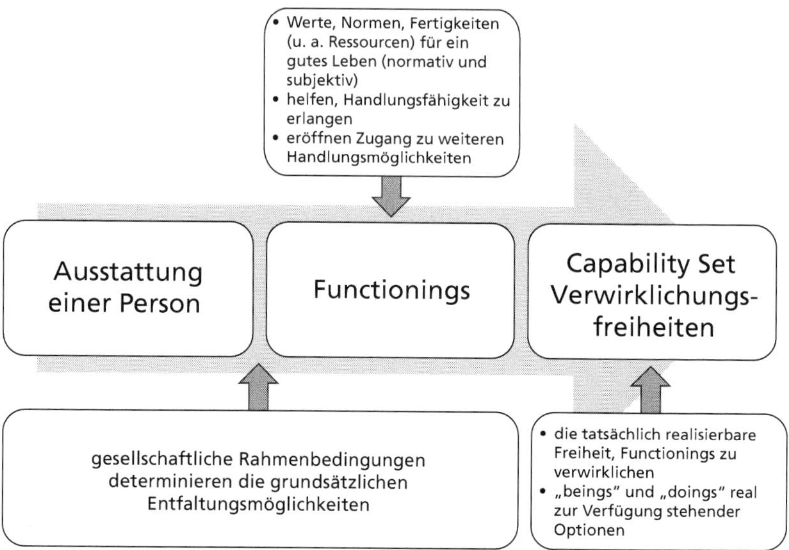

Abb. 1: Der Capability Approach (Ziegler 2011, 2009; in Anlehnung an Bittlingmeyer/Ziegler 2012)

realisierbare Möglichkeitsraum, Gesundheit im Alltag herzustellen, bildet sich heraus in Subjekt-Gesellschafts-Macht-Figurationen (ebd., S. 139), womit den Menschen keine Handlungsfähigkeiten abgesprochen werden, ihre Handlungsmöglichkeit aber kritisch an die strukturelle Begrenztheit ihrer Lebenswelt zurückgebunden wird. Damit erweist sich der CA als an den Ansatz von *Health in All Policies* (HiAP) anschlussfähig. Die Förderung von Gesundheit der Bevölkerung ist nicht allein Aufgabe des Gesundheitssektors. Politische Maßnahmen jedes Sektors, wie bspw. Bildung, Arbeit, Mobilität und Wohnen, können Auswirkungen auf die Gesundheit und Mechanismen zur Aufrechterhaltung gesundheitlicher Ungleichheit nehmen. Der HiAP-Ansatz zielt darauf ab, politische Maßnahmen anzugehen, die sich z. B. auf Verkehr, Wohnen und Stadtplanung, Umwelt, Bildung, Landwirtschaft, Finanzen, Steuern und wirtschaftliche Entwicklung auswirken, sodass sie die allgemeine Gesundheit und gesundheitliche Chancengerechtigkeit über alle Sektoren hinweg und ›lebensweltübergreifend‹ fördern.

1.4 Gemeinsame Verantwortung

Gesundheitsförderung in der Sozialen Arbeit kann kaum rein nationalstaatlich gedacht werden. Angesichts der Herausforderungen der Transformationsgesellschaft und (multipler) Krisendynamiken, wie Pandemien, Krieg, Flucht, Klimawandel, soziale Spaltung und die Aufrechterhaltung demokratischer Strukturen stellt auch die Förderung gesundheitlicher Chancengerechtigkeit eine globale Herausforderung dar. Zudem können internationale Konzepte und Methoden, wie bspw. Community Health-Konzepte, Inspiration für einen professionellen Beitrag zur Bearbeitung gesundheitlicher Probleme vor Ort leisten.

Gesundheitliche Chancenungerechtigkeiten sind kein nationales Phänomen. Die Gesundheit der Menschen ist weltweit bedroht, wobei sich Gesundheitslasten in den verschiedenen Ländern unterschiedlich verteilen, angefangen von Zugang zu Wasser, Infektionskrankheiten und HIV bis hin zu chronischen und psychischen Krankheitslasten. Als Dachorganisation der United Nations (UN) setzt sich die WHO für weltweite Bemühungen zur Ausweitung der allgemeinen Gesundheitsversorgung ein. Sie leitet und koordiniert Maßnahmen in Gesundheitskrisen und fördert Strukturen für ein gesünderes Leben. Damit können internationale Ansätze und Maßnahmen eine wichtige Grundlage nationaler Bestrebungen bieten.

Darüber hinaus bildet Gesundheit eines der 17 Ziele für nachhaltige Entwicklung, der Sustainable Development Goals (SDG), der Agenda 2030, die 2015 von allen Mitgliedstaaten der Vereinten Nationen verabschiedet wurde. So heißt es in Ziel 3 »Ensure healthy lives and promote well-being for all at all ages«, u.a. die Mütter- und Sterblichkeit von Säuglingen und Kleinkindern zu reduzieren, Epidemien (wie z.B. AIDS, Tuberkulose, Malaria, Tropenkrankheiten) zu beenden, nicht übertragbare Krankheiten und psychische Erkrankungen durch Prävention zu reduzieren und die Qualität und Erreichbarkeit der Gesundheitsversorgung zu verbessern. Die Agenda mit ihren 17 SDGs bilden einen globalen Aufruf zum Handeln aller Länder. Die Beendigung von Armut und anderen Benachteiligungen muss mit Strategien einhergehen, die Gesundheit und Bildung verbessern, Ungleichheit verringern und das Wirtschaftswachstum ankurbeln – und das alles bei gleichzeitiger Bekämpfung des Klimawandels und dem Einsatz für den Schutz von Ozeanen und Wäldern.

Exkurs: Auswirkungen des Klimawandels auf die Gesundheit

Im Journal of Health Monitoring wird seit 2023 in drei Teilen der vom Bundesministerium für Gesundheit (BMG) in Auftrag gegebene und durch das RKI koordinierte Sachstandsbericht Klimawandel und Gesundheit 2023 publiziert[1] (Adrian et al. 2023, S. 7). Der Klimawandel stellt eine der größten Herausforderungen für die Menschheit dar; die Bedeutung anthropogener Umweltveränderungen für die Gesundheit und das Wohlbefinden der Menschen nehme zu und Public-Health-Systeme weltweit müssten sich dieser maßgeblichen und komplexen Belastung stellen (ebd., S. 3). In den drei Ausgaben werden die folgenden Themen behandelt:

1. Auswirkungen des Klimawandels auf Infektionskrankheiten und antimikrobielle Resistenzen
2. Auswirkungen des Klimawandels auf nicht übertragbare Erkrankungen und die psychische Gesundheit
3. Klimagerechtigkeit, Kommunikation und Handlungsoptionen

Nicht nur die direkten Auswirkungen des Klimawandels auf die Gesundheit der Menschen sind zu erwähnen. Darüber hinaus zeigen sich Ängste und ein Empfinden von Generationsungerechtigkeit junger Menschen aufgrund des gesellschaftlichen und politischen Umgangs mit der Krise. Seit Beginn der Fridays-for-Future-Bewegung haben sich verschiedene Studien mit dieser sogenannten Climate Anxiety (Klima-Angst) bei Kindern und Jugendlichen befasst.

1 Die Ausgaben des Journals stehen auf der RKI-Homepage zum Download bereit (https://www.rki.de/DE/Content/Gesundheitsmonitoring/JoHM/JoHM_node.html).

Auf den Punkt gebracht

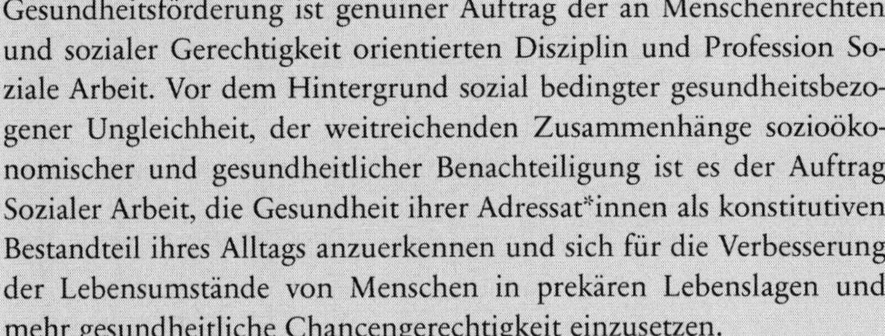

Gesundheitsförderung ist genuiner Auftrag der an Menschenrechten und sozialer Gerechtigkeit orientierten Disziplin und Profession Soziale Arbeit. Vor dem Hintergrund sozial bedingter gesundheitsbezogener Ungleichheit, der weitreichenden Zusammenhänge sozioökonomischer und gesundheitlicher Benachteiligung ist es der Auftrag Sozialer Arbeit, die Gesundheit ihrer Adressat*innen als konstitutiven Bestandteil ihres Alltags anzuerkennen und sich für die Verbesserung der Lebensumstände von Menschen in prekären Lebenslagen und mehr gesundheitliche Chancengerechtigkeit einzusetzen.

Sozialer Arbeit wohnt dabei ein enormes Potenzial inne: Sie setzt in der Lebenswelt der Menschen an, dort wo Gesundheit im Alltag hergestellt und aufrechterhalten werden soll.

Aus der Perspektive Sozialer Arbeit geht es darum, Gesundheit als Bestandteil des Alltags der Menschen und zum Ausgang professionellen Handelns zu nehmen. Gesundheit, verstanden als bio-psycho-soziales und subjektives Wohlbefinden, ist ein Menschenrecht und der Auftrag Sozialer Arbeit ist es, dieses zu schützen sowie die gesellschaftlichen Bedingungen zu schaffen, damit alle Menschen ein möglichst hohes Maß subjektiven Wohlbefindens und bio-psycho-sozialer Gesundheit verwirklichen können.

Als theoretische Grundlage zur Analyse der Verteilung von Chancen auf Gesundheit und Realfreiheiten im Alltag bietet der Capability Approach eine solide und normativ an sozialer Gerechtigkeit orientierte Grundlage. Er fragt nicht nur nach der gerechten Verteilung von Ressourcen, sondern betrachtet diese in ihrer für den einzelnen Menschen wirksam werdenden Realfreiheit, Gesundheit im Alltag entfalten zu können. Dabei setzt er insbesondere an den die Gesundheit und individuelle Verwirklichung begrenzenden gesellschaftlichen Strukturen an. Damit ist Gesundheitsförderung aus der Perspektive Sozialer Arbeit auch immer eine politisch-emanzipatorische Aufgabe, die es erforderlich macht, strukturelle Grenzen im Alltag zu kritisieren und sich für ihre Veränderung einzusetzen.

Reflexionsfragen

- Wie können Sie fachlich fundiert begründen, warum Gesundheitsförderung als Auftrag Sozialer Arbeit zu verstehen ist?
- Wie genau hängen sozioökonomische und gesundheitliche Benachteiligung zusammen?
- Was versteht man unter subjektorientierten Alltagskonstruktionen von Gesundheit?
- Was genau wird im Capability Approach unter »Capabilities« und »Functionings« verstanden?
- Inwieweit eignet sich der Capability Approach, um die realen Freiheiten auf die Verwirklichung eines guten und gesunden Lebens von Adressat*innen Sozialer Arbeit zu analysieren?

Weiterführende Literatur

Franzkowiak, Peter/Homfeldt, Hans Günther/Mühlum, Albert (2011): Lehrbuch Gesundheit. Weinheim und München: Beltz Juventa.

Rademaker, Anna Lena/Altenhöner, Thomas (2021): Gesundheitsförderung und Prävention in der Sozialen Arbeit. In: Dettmers, Stephan/Bischkopf, Jannette (Hrsg.): Handbuch gesundheitsbezogene Soziale Arbeit. 2., aktual. Aufl. München: Ernst Reinhard, S. 147–162.

Ziegler, Holger/Schrödter, Marc/Oelkers, Nina (2010): Capabilities und Grundgüter als Fundament einer sozialpädagogischen Gerechtigkeitsperspektive. In: Thole, Werner (Hrsg.): Grundriss Soziale Arbeit. Ein einführendes Handbuch. 3., überarb. Aufl. Wiesbaden: VS Verlag für Sozialwissenschaften, S. 297–310.

Relevante Schwerpunkthefte in der Zeitschrift für Klinische Sozialarbeit

Hinweis: Ausgaben der Klinische Sozialarbeit – Zeitschrift für psychosoziale Praxis und Forschung stehen ein Jahr nach der Veröffentlichung dauerhaft kostenfrei über den ZKS Verlag zur Verfügung.

Gesundheitsförderung. Ausgabe 3/2014. Klinische Sozialarbeit – Zeitschrift für psychosoziale Praxis und Forschung.

Subjektive Theorien von Gesundheit und Krankheit. Ausgabe 3/ 2019. Klinische Sozialarbeit – Zeitschrift für psychosoziale Praxis und Forschung.

Internetseiten

Bundeszentrale für gesundheitliche Aufklärung (BZgA) (Hrsg.) (2023): Leitbegriffe der Gesundheitsförderung und Prävention. Glossar zu Konzepten, Strategien und Methoden. Köln: Bundeszentrale für gesundheitliche Aufklärung (BZgA). [online] Link: www.leitbegriffe.bzga.de [letzter Zugriff am 29.07.2024].

Robert Koch-Institut (RKI). Gesundheitsberichterstattung des Bundes. [online] Link: https://www.rki.de/DE/Content/Gesundheitsmonitoring/Gesundheitsberichterstattung/gbe_node.html [letzter Zugriff am 29.07.2024].

2 Selbstverständnis Gesundheitsförderung

☞ **Überblick**

Gesundheitsförderung ist ein Prozess, der Menschen zur Stärkung ihrer Gesundheit befähigen und ihnen damit ein hohes Maß an Selbstbestimmung über ihre Gesundheit ermöglichen soll. Dabei wird die gesellschaftliche Verantwortung betont, gesundheitliche Ungerechtigkeit abzubauen und gerechte Zugänge zur Gesundheitsversorgung zu ermöglichen.

Gesundheitsförderung ist nicht als alleinige Aufgabe des Sektors Gesundheit zu verstehen. Sie adressiert Gesundheit und Wohlbefinden über alle Sektoren hinweg mit dem Ziel, nachhaltig Health in All Policies (HiAP) zu erreichen.

Zentrale Ansätze der Gesundheitsförderung sind die sozialen Determinanten von Gesundheit, die Salutogenese, das Risiko- und Schutzfaktoren-Modell sowie eine ressourcen- und resilienzfördernde Praxis.

Gesundheitsförderung ist ein Prozess mit dem Ziel, allen Menschen ein höheres Maß an Selbstbestimmung über ihre Gesundheit zu ermöglichen und sie dadurch zur Stärkung ihrer Gesundheit zu befähigen, ohne dabei die gesellschaftliche Verantwortung zur Schaffung gesundheitsförderlicher Rahmenbedingungen zu vernachlässigen (Prinzipien: advocacy, enable & mediate) (WHO 1986). Im Selbstverständnis richtet der Ansatz damit den Blick auf ein salutogenes Gesundheitsverständnis (► Kap. 2.3) und die Stärkung von gesundheitsförderlichen Ressourcen (► Kap. 2.5) sowie strukturelle Rahmenbedingungen (u. a. ► Kap. 3.6, ► Kap. 3.7,

► Kap. 3.8). Menschen sollen darin befähigt werden, ihre Gesundheit im Alltag zu entfalten, unabhängig von ihrer sozialen Herkunft, ökonomischen Voraussetzungen und körperlichen Konstitution. Gleichzeitig soll gesundheitliche Ungerechtigkeit abgebaut werden, indem Gesellschaften dafür Sorge tragen, die Gesundheit ihrer Bürger*innen über alle Sektoren hinweg zu stärken und ihnen Zugänge zur Gesundheitsversorgung zu ermöglichen. Gesundheitsförderung ist ein Ansatz zur Herstellung gesundheitsbezogener Autonomie und Gerechtigkeit in allen ›kleinen Lebenswelten‹.

Nach dem *Mehrebenenansatz* ist Gesundheitsförderung dementsprechend nicht als Aufgabe des Sektors Gesundheit zu verstehen, sondern sektorenübergreifend (Health-in-All-Policies-Ansatz HiAP). Das Bildungswesen, Arbeit, Wohnen, Freizeit und Kultur nehmen genauso Einfluss auf die Gesundheit. Schlechte Wohn- und belastende Arbeitsverhältnisse oder Zugang zu Freizeitaktivitäten sind Beispiele dafür. Sie kommen vermehrt in prekären Lebenslagen vor und legen damit den Grundstein für gesundheitliche Ungleichheit. Damit sind gesundheitsfördernde Maßnahmen immer als Strategien zu verstehen, die über alle Lebensbereiche der Menschen hinweg sowie in allen gesellschaftlichen Schichten ansetzen.

Gesundheitsförderung und Prävention

Es erweist sich als zielführend, zunächst zwischen Gesundheitsförderung und Prävention zu differenzieren. Mit *präventiven Maßnahmen* soll das Auftreten negativer Zustände oder Ereignisse verhindert, verzögert oder weniger wahrscheinlich gemacht werden (Leppin 2014). Prävention wirkt durch gezielte Interventionen, orientiert an bekannten und vorab definierten Ursachen, Risiken und Rahmenbedingungen gegen erwartbare gesundheitliche Problemlagen. Zugrunde liegen das sog. Risiko- und Schutzfaktorenmodell sowie ein pathogenes, an Krankheit orientiertes Gesundheitsverständnis. Man unterscheidet je nach dem Zeitpunkt einer präventiven Maßnahme in einer Abfolge von Entwicklungsstufen der bereits vorliegenden Störung in primäre, sekundäre und tertiäre Krankheitsprävention sowie nach drei Präventionsformen und -zugängen, der universellen, selektiven und indizierten Prävention (vertiefend siehe Franzkowiak 2025).

Gesundheitsförderung hingegen basiert auf einem salutogenen Gesundheitsverständnis und fragt danach, wie Menschen es schaffen, gesund zu bleiben. Sie fokussiert die Förderung von Ressourcen und Resilienz sowie gesundheitsförderliche Strukturen, um Menschen zu befähigen, mehr Kontrolle über ihre Gesundheit zu erlangen und sie durch Beeinflussung der sozialen Determinanten von Gesundheit zu verbessern (WHO 1986, 1997). Gesundheitsförderung zielt auf eine gesundheitsfördernde Gesamtpolitik im Sinne des HiAP-Ansatzes ab. Dafür bezieht sie sich neben der Stärkung von individuellen Verhaltensweisen und Fähigkeiten (Verhaltensorientierung) insbesondere auf die gesellschaftlichen Strukturen (Verhältnisorientierung).

Gesundheitsförderung und Prävention sind zwei sich ergänzende Wege, die beide auf einen Gesundheitsgewinn abzielen. Sie beruhen auf unterschiedlichen Wirkprinzipien, Konzepten und Methoden. In der Praxis sind Gesundheitsförderung und Prävention nur schwer voneinander zu trennen. Ihre Grenzen gehen meist fließend ineinander über, in der Stärkung von Gesundheitsressourcen wirkt die Minderung von Risiken für die Gesundheit oft integriert (Rademaker/Altenhöner 2021).

2.1 Ottawa-Charta und Jakarta-Erklärung für Gesundheitsförderung

Orientiert an der Ottawa-Charta wird Gesundheitsförderung als ein Prozess definiert, der alle Menschen zur Stärkung ihrer Gesundheit befähigen soll, um ihnen ein hohes Maß an Selbstbestimmung über ihre Gesundheit zu ermöglichen (WHO 1986). Die Förderung von Ressourcen zur Verbesserung der Gesundheit ist zentral. Sie erfolgt über die Befähigung zum selbstbestimmten Handeln und die Gestaltung sozialer, ökologischer und ökonomischer Rahmenbedingungen.

Ottawa-Charta zur Gesundheitsförderung

Die Ottawa-Charta beschreibt drei zentrale Handlungsstrategien für Gesundheitsförderung:

- *Interessen vertreten (advocate)*
  Hierbei geht es um anwaltschaftliches Eintreten, um politische, ökonomische, soziale, kulturelle, biologische sowie Umwelt- und Verhaltensbedingungen zu verbessern.
- *Befähigen und ermöglichen (enable)*
  Die Strategie zielt darauf ab, alle Menschen gleichermaßen zu befähigen, ihr eigenes Gesundheitspotenzial auszuschöpfen. Insbesondere sollen damit Ungleichheiten in gesundheitlichen Chancen reduziert werden.
- *Vermitteln und vernetzen (mediate)*
  Mit dieser Strategie macht die Ottawa-Charta nochmals deutlich, dass die Förderung von Gesundheit nicht die ausschließliche Angelegenheit einzelner Gruppen von ›Health Professionals‹ ist, sondern eine gesamtgesellschaftliche Aufgabe darstellt. Wichtig ist das Zusammenarbeiten aller relevanten Verantwortlichen (Regierungen, Politikbereiche, Wirtschaft, Medien, Initiativen usw.) unter partizipativem Einbezug der Menschen in ihren Lebenswelten.

Als die vorrangigen Handlungsebenen und -bereiche werden hervorgehoben (WHO 1986):

1. *Entwicklung einer gesundheitsfördernden Gesamtpolitik:* Gesundheitsförderung geht über die medizinische und soziale Versorgung hinaus und muss dadurch auf allen Ebenen und in allen Politikbereichen mitgedacht werden (HiAP). Die Politik ist dazu angehalten, die gesundheitlichen Konsequenzen ihrer Entscheidungen bei Gesetzesinitiativen, steuerlichen Maßnahmen und organisatorisch-strukturellen

Veränderungen zu beachten und ihrer Verantwortung für Gesundheit mit gezielten Maßnahmen nachzukommen.

2. *Schaffung gesundheitsförderlicher Lebenswelten:* Gesundheitsförderung hat die Aufgabe, Lebenswelten zu schaffen, in denen die Menschen Gesundheit entfalten können. Das betrifft den Schutz vor Risiken im Alltag, anregende und befriedigende Arbeits- und Lebensbedingungen und macht den Schutz der natürlichen und sozialen Umwelt sowie die Erhaltung der natürlichen Ressourcen zu ihrem Thema.
3. *Unterstützung gesundheitsbezogener Gemeinschaftsaktionen:* Anliegen von Gesundheitsförderung ist weiter, Nachbarschaften, Kommunen, Selbsthilfeinitiativen und Gemeinden bei Gemeinschaftsaktionen zur Förderung der Menschen zu unterstützen. Dadurch sollen insbesondere Selbstbestimmung, Autonomie und Kontrolle über die eigenen Gesundheitsbelange gefördert werden.
4. *Entwicklung persönlicher Kompetenzen:* Gesundheitsförderung stärkt die Entwicklung von Persönlichkeit und sozialen Fähigkeiten der Menschen. Sie eröffnet Zugang zu Informationen (Aufklärung) und stärkt Kompetenzen und Fähigkeiten (Ressourcenförderung). Ziel ist es, Menschen zu einem lebenslangen Lernen zu befähigen, um mit den verschiedenen Phasen ihres Lebens sowie eventuellen (chronischen) Erkrankungen und Behinderungen umgehen zu können.
5. *Neuorientierung der Gesundheitsdienste:* Die Gesundheitsdienste sind dazu angehalten, ein Versorgungssystem zu entwickeln, das über die medizinisch-kurativen Leistungen hinausgeht. Es muss auf die Förderung von Gesundheit ausgerichtet sein und sich an den Bedürfnissen der Menschen als ganzheitliche Persönlichkeiten orientieren. Das erfordert eine systematische Kooperation und Vernetzung zwischen dem Gesundheitssektor und allen weiteren, wie z. B. Soziales, Bildung, Arbeit, Ökologie.

Die Definition von Gesundheitsförderung der Ottawa-Charta (1986) ist in der Jakarta-Erklärung zur Gesundheitsförderung (1997) weiterentwickelt worden.

Jakarta-Erklärung zur Gesundheitsförderung für das 21. Jahrhundert

»Gesundheit ist ein grundlegendes Menschenrecht und für unsere soziale und ökonomische Entwicklung unabdingbar. Gesundheitsförderung wird zunehmend als wesentlicher Bestandteil der Gesundheitsentwicklung anerkannt. Gesundheitsförderung ist ein Prozess, der Menschen befähigen soll, mehr Kontrolle über ihre Gesundheit zu erlangen und sie zu verbessern. Durch Investitionen und Maßnahmen kann Gesundheitsförderung einen entscheidenden Einfluss auf Determinanten für Gesundheit ausüben. Ziel ist es, den größtmöglichen Gesundheitsgewinn für die Bevölkerung zu erreichen, maßgeblich zur Verringerung der bestehenden gesundheitlichen Ungleichheiten beizutragen, die Menschenrechte zu stärken und soziale Ressourcen aufzubauen. Letztendlich gilt es, die Gesundheitserwartung zu vergrößern und die diesbezügliche Kluft zwischen den Ländern und zwischen Bevölkerungsgruppen zu verringern.« (WHO 1997)

Als neue Herausforderungen werden hervorgehoben (WHO 1997):

- Grundvoraussetzungen für Gesundheit sind Frieden, Unterkunft, Bildung, soziale Sicherheit, soziale Beziehungen, Nahrung, Einkommen, Handlungskompetenzen (Empowerment) von Frauen, ein stabiles Ökosystem, nachhaltige Nutzung von Ressourcen, soziale Gerechtigkeit, die Achtung der Menschenrechte und die Chancengleichheit. Armut stellt dabei die mit Abstand größte Bedrohung für die Gesundheit dar.
- Demografische Trends wie Verstädterung, die steigende Zahl älterer Menschen und die hohe Prävalenz chronischer Krankheiten stellen alle Länder vor neue Probleme. Weitere soziale und biologische Entwicklungen sowie Verhaltensänderungen (z. B. zunehmende Bewegungsarmut, Resistenz gegen Antibiotika, Gewalt im öffentlichen und privaten Raum etc.) gefährden Gesundheit und Wohlbefinden der Menschen.
- Dringendes Handeln erfordern neue und wiederauftretende Infektionskrankheiten sowie die stärkere Beachtung psychischer Gesund-

heitsprobleme. Es ist entscheidend, dass Ansätze der Gesundheitsförderung entwickelt werden, die diesen veränderten Gesundheitsgefahren wirksam entgegentreten.

- Transnationale Faktoren haben ebenfalls einen entscheidenden Einfluss auf die Gesundheit. Dazu gehören die Globalisierung der Wirtschaft, der Finanzmärkte und des Handels, der breite Zugang zu den Medien und Informationstechnologien sowie die Umweltzerstörung als Ergebnis des verantwortungslosen Umgangs mit unseren natürlichen Ressourcen.
- Diese Wandlungsprozesse formen weltweit die Wertvorstellungen, Lebensweisen und Lebensbedingungen der Menschen über die gesamte Lebensspanne. Einige dieser Prozesse können der Gesundheitsentwicklung entscheidende positive Impulse geben, während andere vornehmlich negative Einflüsse auf die Gesundheit haben.

In der Jakarta-Erklärung werden die in der Ottawa-Charta festgelegten Handlungsebenen und -bereiche als entscheidend für den Erfolg von Gesundheitsförderung hervorgehoben; es wird darauf verwiesen, dass die Wissenschaft deutlich die Wirkmechanismen aufzeigen kann (WHO 1997). Hierzu werden umfassende Ansätze zur Gesundheitsentwicklung, die auf allen fünf Ebenen stattfinden, als am wirksamsten benannt. Insbesondere Settings (Lebensbereiche, in denen Menschen den größten Teil ihrer Zeit verbringen) würden gute Möglichkeiten zur praktischen Umsetzung solcher umfassenden Strategien bieten. Auch die Einbeziehung der Bevölkerung (Partizipation) sei für eine dauerhafte Umsetzung unerlässlich. Zudem ist der Zugang zu Bildung und Information unabdingbar. Kritisch anzumerken ist jedoch, dass in der Jakarta-Erklärung Bildung und Gesundheitskompetenz als Voraussetzung für Gesundheit gelesen werden können. Damit wird unterstellt, dass Individuen die Verantwortung für ihre Gesundheit tragen, und die diversen Lebenslagen rücken in den Hintergrund. Zu beobachten ist dies z. B. in der Forderung von gesundheitskompetenten Bürger*innen, die für ihre Work-Life-Balance verantwortlich gemacht werden, ohne die Lebens-, Wohn-, Bildungs- oder Arbeitsbedingungen hinreichend kritisch zu hinterfragen.

Gesundheitsförderung ist mit der Notwendigkeit einer verbesserten intersektoralen Zusammenarbeit und der Entwicklung gleichberechtigter

Partnerschaften für Gesundheit konfrontiert (ebd.). Damit verfolgen die Ottawa-Charta und Jakarta-Erklärung zwei zentrale strategische Ansätze: einerseits die Stärkung von persönlichen und sozialen Gesundheitsressourcen (und Kompetenzen) und andererseits eine Politik, die systematisch auf die Verbesserung sozialer Determinanten von Gesundheit und damit den Abbau von gesundheitlicher Ungleichheit abzielt.

2.2 Soziale Determinanten von Gesundheit

1991 wurde ein Diskussionspapier mit Konzepten und Strategien zur Förderung sozialer Gleichheit in Bezug auf Gesundheit in Europa vorgelegt (Dalhlgren/Whitehead 1991), das bis heute viel zitiert und als Regenbogen-Modell bekannt wurde. Dieses Modell stellt soziale Einflussfaktoren (Determinanten) auf Gesundheit und deren wechselseitige Bedingtheit dar. Die zentrale Annahme ist, dass die Gesundheit, neben Faktoren wie der medizinischen Versorgung, dem Verhalten sowie der Umwelt insbesondere durch soziale Faktoren beeinflusst wird. Gesundheitsförderung soll damit über die Lebensspanne der Menschen innerhalb ihrer Um- bzw. Lebenswelt systematisiert werden und alle Ebenen in den Blick nehmen.

Das bedeutet, den Blick auf die (1) ökonomische Stabilität, (2) den Zugang zu Bildung und Bildungsqualität, (3) zur Gesundheitsversorgung und deren Qualität, (4) die Nachbarschaft und Bebauung der Umgebung sowie (5) den sozialen und kommunalen Kontext zu richten. Entsprechend stehen die sozialen Determinanten wie oben dargestellt in wechselseitiger Bedingtheit mit der soziokulturellen Lage.

Beispiele

Ein Beispiel für solche Wechselwirkungen sind Risiken am Arbeitsplatz oder chronische Erkrankungen. Abhängig der soziokulturellen Lage können diese Risiken ansteigen und dazu beitragen, dass z. B. ein Beruf nicht mehr ausgeübt werden kann. Damit nehmen die zentralen Gesundheitsrisiken – Arbeitslosigkeit und Armut – zu.

Ein weiteres Beispiel zeigte sich während der Coronapandemie. Menschen in prekären Lebenslagen waren einem erhöhten Risiko ausgesetzt, zu erkranken und negative Folgen, wie Isolation oder Gewalt, zu erfahren. Dabei verfügten sie über tendenziell weniger personelle und soziale Ressourcen. Die Auswirkungen zeigen sich bis heute in Statistiken sozioökonomisch bedingter gesundheitlicher Ungleichheit (▶ Kap. 1.2).

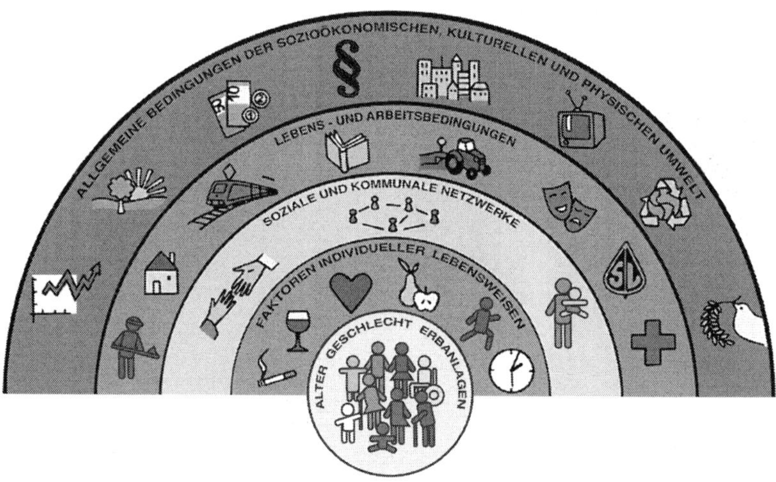

Abb. 2: Das Regenbogen-Modell der sozialen Determinanten von Gesundheit in der Abbildung nach Fonds Gesundes Österreich nach Dahlgren, G., Whitehead, M. (1991)

Die Darstellungen zeigen, dass die Soziale Arbeit in vielen Handlungsfeldern, auch wenn dies nicht immer auf der Hand liegen mag, potenziell *implizit* die Gesundheit von Menschen fördert. Beispiele dafür sind die Schulden- und Seniorenberatung, die Soziale Arbeit im Quartier, Streetwork und Arbeitslosenhilfe. Die sozioökonomische Lage von Menschen wieder kontrollierbar zu gestalten, soziale Unterstützungssysteme auf- und Partizipationsbarrieren im öffentlichen Raum abzubauen oder den unmittelbaren Zugang zu Hilfeinstitutionen durch aufsuchende Soziale

Arbeit zu ermöglichen und zu sichern, sind nur einige Beispiele für Tätigkeiten, die gleichzeitig positive Effekte auf soziale Determinanten für die Gesundheit von Menschen nehmen.

Soziale Determinanten von Gesundheit in der Praxis Sozialer Arbeit

Das Wissen um die sozialen Determinanten von Gesundheit ist also in erster Linie ein Modell zur Reflexion der möglichen Wirkungen des eigenen beruflichen Handelns auf die Gesundheit von Adressat*innen. Gleichzeitig kann es einer Begründung für Gesundheitsförderung in der Praxis Sozialer Arbeit dienen. Die gezielte Förderung der sozialen Determinanten von Gesundheit kann so zum Bestandteil von Konzepten und Methoden professionellen Handelns werden. Darüber hinaus kann gesundheitsbezogene Chancengerechtigkeit anhand der Determinanten in der Lebenswelt von Adressat*innen analysiert werden, um finanzielle Mittel für die Arbeit zu generieren. In jedem Fall kann und sollten sie dazu dienen, sich selbst, Adressat*innen und Leistungsträger für die Wechselwirkungen der sozialen Lage und Gesundheit zu sensibilisieren.

2.3 Salutogenese

Das Konzept der Salutogenese, das auf Antonovsky (1997) zurückgeht, stellt einen wesentlichen Ansatzpunkt für die Gesundheitsförderung dar (Franzkowiak et al. 2011, S. 64). Der Ansatz geht von einem mehrdimensionalen Gesundheits-Krankheits-Kontinuum aus und hebt sich damit von einer dichotomen Kategorisierung in *krank* und *gesund* ab, die an der pathogenetischen Perspektive kritisiert wird. Der Ansatz ist gesundheitsorientiert (salutogen), d. h., das Ziel von Maßnahmen besteht in der Förderung und Verbesserung von Gesundheit. Als zentrale Einflussgröße bzw. Ressource konzipiert Antonovsky das sogenannte Kohärenzgefühl.

Das Kohärenzgefühl

Das Kohärenzgefühl (sense of coherence) beschreibt Antonovsky als globale Ressource bzw. das Ausmaß eines durchdringenden, überdauernden und dynamischen Gefühls des Vertrauens, auf das eigene Leben und die Gesundheit Einfluss nehmen zu können (Antonovsky 1997).

Das Kohärenzgefühl ist eine generalisierte Ressource, die im Prozess der Gesunderhaltung im Alltag von zentraler Bedeutung ist und als Dreh- und Angelpunkt menschlicher Widerstandsfähigkeit gehandelt wird.

Je stärker ausgeprägt das Kohärenzgefühl entwickelt ist, desto eher werden Belastungen im Alltag als Herausforderung wahrgenommen, deren Bewältigung sich lohnt (Antonovsky 1997; Fröhlich-Gildhoff 2020; Lenz 2011a; Fröhlich-Gildhoff/Rönnau-Böse 2022). In der Salutogenese wird von einem handlungsfähigen und -willigen Individuum ausgegangen, das darum bemüht ist, Gesundheit und Wohlbefinden auf einem Gesundheits-Krankheits-Kontinuum immer wieder aktiv in Balance zu bringen (Antonovsky 1997). Es ist bestrebt, physisches, psychisches und soziales Wohlbefinden in einem dynamischen und sich gegenseitig regulierenden Wechselspiel zwischen eintretenden Belastungen und deren Überwindung aktiv hervorzubringen und im Alltag aufrechtzuerhalten. Dabei hängen Gesundheit und Krankheit direkt miteinander zusammen. Einem Ungleichgewicht auf dem sogenannten Gesundheits-Krankheits-Kontinuum in Richtung des kranken Pols wird mit dem Bestreben, wieder Balance herzustellen, aktiv entgegengewirkt (Antonovsky 1997). Dem Individuum wird damit eine aktive und einflussnehmende Rolle zugesprochen, die es zum handlungsfähigen Akteur anhebt (Homfeldt 2010a).

Die Grundlage für die Herausbildung des Kohärenzgefühls wird in den ersten Lebensjahren gelegt. Es wird als stabiles Persönlichkeitsmerkmal verstanden, dass sich im fortgeschrittenen Alter schwer verändern lässt (Lenz 2011a; Fröhlich-Gildhoff/Rönnau-Böse 2022). Spätere Verände-

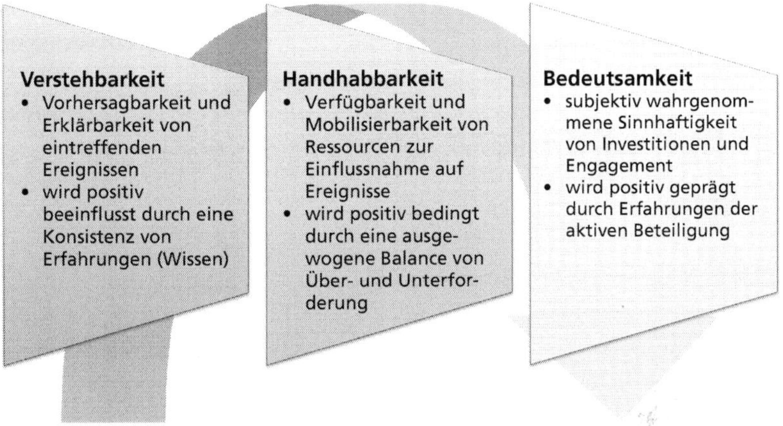

Verstehbarkeit
- Vorhersagbarkeit und Erklärbarkeit von eintreffenden Ereignissen
- wird positiv beeinflusst durch eine Konsistenz von Erfahrungen (Wissen)

Handhabbarkeit
- Verfügbarkeit und Mobilisierbarkeit von Ressourcen zur Einflussnahme auf Ereignisse
- wird positiv bedingt durch eine ausgewogene Balance von Über- und Unterforderung

Bedeutsamkeit
- subjektiv wahrgenommene Sinnhaftigkeit von Investitionen und Engagement
- wird positiv geprägt durch Erfahrungen der aktiven Beteiligung

Das **Kohärenzgefühl (Sense of Coherence)**
ist ein Persönlichkeitsmerkmal eines durchdringenden, überdauernden und dynamischen individuellen Vertrauens, in Form einer optimistischen Lebenseinstellung und der Überzeugung, auf das eigene Leben Einfluss ausüben zu können.

Abb. 3: Das Kohärenzgefühl (in Anlehnung an Rademaker 2018, S. 62)

rungen sind aber möglich, wenn es zu stabilen und langfristigen Mustern in der Lebenserfahrung kommt, die einen direkten Einfluss auf das Kohärenzgefühl nehmen. Im Kern beschreibt das Kohärenzgefühl,

1. inwieweit Menschen ihre Umwelt als kognitiv nachvollziehbar (Verstehbarkeit) erleben
2. eigene und umweltbezogene Ressourcen als ausreichend vorhanden und abrufbar bewerten, um auf Belastungen zu reagieren (Handhabbarkeit), und
3. Ereignisse als so bedeutsam bewerten, dass es sich lohnt, in ihre Bearbeitung Engagement zu investieren (Sinnhaftigkeit; Antonovsky 1997).

Eine Förderung kann erfolgen über

1. Erfahrungen, die Ereignisse vorhersagbar und erklärbar erscheinen lassen (Wissen),

2. durch eine Balance zwischen herausfordernder Über- und anregender Unterforderung in Alltagsherausforderungen, um (neue) Ressourcen zu mobilisieren, und
3. die Beteiligung an Entscheidungsprozessen, damit die Dinge im Alltag auch als sinnhaft wahrgenommen werden (Partizipation).

Beispiele

Das Wissen um bio-psycho-soziale Veränderungen in der Pubertät sowie typische Herausforderungen dieser Lebensphase, wie beispielsweise die Auseinandersetzung mit der eigenen Identität, kann jungen Menschen helfen, ihre eigenen »Lebenskrisen« besser zu verstehen.

Kommunikationsfähigkeit, Selbstwirksamkeitsüberzeugung und soziale Beziehungen und Netzwerke können helfen, Schicksalsschläge und/oder Verluste zu bewältigen und soziale Unterstützung zu erfahren.

Optimistische Zukunftsaussichten, wie z. B. dass die staatlichen Sicherungssysteme nach einer Naturkatastrophe Unterstützung beim Wiederaufbau der Infrastruktur leisten, können dazu beitragen, nicht die Hoffnung in die Zukunft zu verlieren.

An diesen Beispielen könnte die Soziale Arbeit unmittelbar gesundheitsfördernd anknüpfen. Maßnahmen von Gesundheitsförderung wären hier die Bildung und Aufklärung, z. B. in sexualpädagogischen Workshops und Förderung von Ressourcen z. B. in der Freizeit- und Jugendarbeit. Darüber hinaus leistet sie niedrigschwellige quartiersbezogene Hilfen und Interessensvertretung in der Kommunalpolitik.

Neben dem Kohärenzsinn sind die Selbstwirksamkeitserwartung und Kontrollüberzeugung wichtige Gesundheitsressourcen. Selbstwirksamkeitserwartung ist ein »Vertrauen in die eigenen Fähigkeiten und verfügbaren Mittel und die Überzeugung, ein bestimmtes Ziel auch durch Überwindung von Hindernissen erreichen zu können« (Fröhlich-Gildhoff/Rönnau-Böse 2022, S. 47). Gesundheitsbezogene Kontrollüberzeugung beschreibt das Maß, in dem die Gesundheit als fremdbestimmt wahrgenommen wird, d. h., Entscheidungen durch »höhere Mächte«

(bspw. Schicksal oder Bestimmung) bedingt werden (Rotter 1989). Werden Selbstwirksamkeit und Möglichkeiten der Kontrollierbarkeit von Ereignissen erlebt, so steigt die Wahrscheinlichkeit für eine aktive Einflussnahme (Wahrnehmung von Agency) auf die Gesundheit.

2.4 Risiko- und Schutzfaktoren-Modell

Für die Planung von Maßnahmen zur Gesundheitsförderung ist es wichtig, einschätzen zu können, wie groß das Risiko einer Person oder einer Personengruppe ist, z. B. körperlich oder psychisch zu erkranken. Dies ist abhängig von biologisch-genetischen, verhaltensbezogenen und umweltbezogene Faktoren (▶ Kap. 2.2). Risikofaktoren geben Auskunft über potenzielle Gefahren für die Gesundheit, die körperliche und psychische Entwicklung oder soziale und kulturelle Integration bzw. Inklusion (Sperlich/Franzkowiak 2022). Dem gegenüber stehen die Schutzfaktoren, die die Erhaltung von Gesundheit in den Mittelpunkt stellen (▶ Kap. 2.3, ▶ Kap. 2.5).

Risikofaktoren

Biologische bzw. genetische Risikofaktoren sind z. B. das Alter, das biologische Geschlecht und die genetische Veranlagung für bestimmte Erkrankungen und Gesundheitsstörungen. Zu den zentralen verhaltensgebundenen Risikofaktoren zählen u. a. Tabak- und Alkoholkonsum, körperlicher Bewegungsmangel sowie ungesunde und einseitige Ernährung. Unter umweltbezogenen Risikofaktoren werden alle sozialen und physikalischen Lebensbedingungen, die als soziale Determinanten (▶ Kap. 2.2) Einfluss auf Gesundheit und Krankheit nehmen, verstanden (Sperlich/Franzkowiak 2022). Zu nennen sind insbesondere Lebens- und Arbeitsbedingungen, psychosoziale Belastungen und Stressoren, genauso wie politische, rechtliche, ökonomische und ökologische Rahmenbedingungen einer Gesellschaft. Auf die Schutzfaktoren wird im folgenden Kapitel (▶ Kap. 2.5) vertieft eingegangen.

Es wird einerseits deutlich, dass Risiko- und Schutzfaktoren sich nach Merkmalen des Verhaltens, nach Umweltfaktoren und nach der Konstitution oder nach Erbanlagen differenzieren lassen. Zudem ist erkennbar, dass das Vorhandensein eines Merkmals in einem Fall ein Risiko- und einem anderen ein Schutzfaktor sein kann.

Beispiel

Soziale Beziehungen können Hilfe und Unterstützung bieten oder Ursache und Ursprung von Gewalt, Deprivation und Stigmatisierung sein.

Entsprechend sind Merkmale immer auf dem Kontinuum zwischen Risikofaktor und Schutzfaktor einzuordnen. Es ist aber durchaus auch möglich, dass der jeweilige Faktor keinen Einfluss auf die Gesundheit hat. Auch empirische Befunde liefern nur wenig Information darüber, welche konkreten Konstellationen von Risiko- und Schutzfaktoren schlussendlich zur Gesundheitsförderung oder -gefährdung führen. Das liegt u.a. daran, dass sich aus den zumeist epidemiologischen Studien zwar Wahrscheinlichkeiten ableiten lassen, diese statistischen Wahrscheinlichkeiten aber eben nur begrenzt Aussagen über Einzelpersonen zulassen. Dennoch sind die aus den Studien hervorgehenden Informationen über Risikofaktoren wertvolle Hinweise, um Maßnahmen der Gesundheitsförderung und Prävention zu planen.

Neben spezifischen Risikofaktoren für einzelne Erkrankungen gibt es auch Faktoren, die allgemeine Gesundheitsrisiken bedingen. Sozial bedingte gesundheitsbezogene Ungleichheit zeigt sich nicht nur im allgemeinen Gesundheitszustand, sondern auch in objektiven Gesundheitsparametern und dem Krankheitsgeschehen (Morbidität) (Destatis/WZB/BiB 2024, S. 316). Die Prävalenz für Herz- und Lungenerkrankungen, Diabetes, Arthrose und Depressionen steigt mit abnehmenden Einkommensverhältnissen (ebd.). Dies zeigt sich auch bereits im Kindes- und Jugendalter und verdeutlicht, dass insbesondere Armutsbekämpfung und die Förderung von Bildung und Teilhabe prioritäres Ziel von Maßnahmen zur Gesundheitsförderung sein müssen.

Gleichzeitig werden aber auch präzise Ansätze für gesundheitsfördernde und präventive Maßnahmen deutlich, wie z.B. einem einkommensunabhängigen Zugang zu gesunden Lebensmitteln, der Förderung von Bewegungsräumen in sozialen Brennpunkten, gesundheitsfördernden Arbeitsbedingungen, Senkung des CO_2-Ausstoßes insbesondere in Ballungsgebieten und dem Schutz vor Gewalt in der Familie.

Zudem ist für Gesundheitsförderung und Prävention festzuhalten, dass Maßnahmen im Kindes- und Jugendalter zu stärken sind. Gesundheitsrisiken bilden sich bereits in der frühen Entwicklung heraus, werden im sozialen Milieu geprägt und können sich bis in das Erwachsenenalter manifestieren. Zudem sind Kindheit und Jugend vulnerable und von krisenhaften Übergängen geprägte Lebensphasen, in denen Heranwachsende mit einer Vielzahl von Bewältigungsanforderungen konfrontiert sind, die mitunter im direkten Zusammenhang mit der Gesundheit stehen (Rademaker 2018, 2020a). Mit diesem Wissen und im Rekurs auf die sozialen Determinanten von Gesundheit, lassen sich passgenauere Angebote für die Handlungsfelder Sozialer Arbeit gestalten.

2.5 Ressourcen und Resilienz

Ressourcen und Resilienz können als zentrale Schutzfaktoren – Fähigkeiten, Möglichkeiten und Potenziale, Einfluss auf die Gesundheit nehmen zu können – verstanden werden. Unterschieden wird zwischen personalen und sozialen bzw. umweltbezogenen Ressourcen (► Tab. 1). Ressource bedeutet Hilfsmittel zur Wiederaufrichtung, Wiederherstellung und wird in der Sozialen Arbeit zumeist auch als Kraftquelle beschrieben (Möbius 2021).

Tab. 1: Gesundheitsressourcen (Lenz 2011a; in Anlehnung an Fröhlich-Gildhoff/Rönnau-Böse 2022)

personale Ressourcen	umweltbezogene Ressourcen
1. objektbezogene bzw. physische Ressourcen 2. Bedingungsressourcen (Alter, Geschlecht, Schulabschluss) 3. Fähigkeiten und Eigenschaften, soziale Kompetenz, Persönlichkeitseigenschaften 4. Energieressourcen (Zeit, Geld, Wissen)	5. familiale Aspekte 6. soziales Netzwerk 7. Institutionen
Protektive Faktoren, die Menschen gegenüber Belastungen stärken und ihre Bewältigungsfähigkeit in Krisen verbessern: *positives Selbstwertgefühl, Kommunikationsfähigkeit, Kooperationsfähigkeit (internale Kontrollüberzeugung), eine optimistische Lebenseinstellung, Planungskompetenz und Zielorientierung, Problemlösefähigkeit, Empathie, aktive Bewältigungsstrategie, Selbstwirksamkeitsüberzeugung (realistischer Attribuierungsstil), Kreativität, Selbstregulationsfähigkeit, Talente und Hobbies und Leistungsbereitschaft*	soziale Unterstützung, sozialer Rückhalt, stabile inner- und außerfamiliale Beziehungen, soziale Integration, Qualität von Freundschaften, Qualität der Wohlfahrtspflege, der Bildungseinrichtungen und des Gesundheitssystems
Ressourcen werden individuell über ihre Funktionalität und Bewertung zur Förderung subjektiv wertgeschätzter Lebensbedingungen bemessen.	

Ressourcen stehen nicht allen Menschen in gleichem Umfang zur Verfügung. Sie bilden sich in menschlichen Interaktionen heraus, mittels sozialer Unterstützung und Eingebundenheit sowie der Erreichbarkeit institutioneller Angebote und des Eingebundenseins in soziale Netzwerke (gesellschaftliche Teilhabe). Die Herausbildung personaler sowie umweltbezogener Ressourcen wird durch ein positives und anregendes Umfeld in der Entwicklung gefördert, in stabilen und soliden familiären und gesellschaftlichen Verhältnissen, die eine warme und unterstützende Atmosphäre, sichere Bindungen und Zugang zu Institutionen und unterstützenden Infrastrukturen bieten. Sie bilden die Grundlage, sich zu selbstbestimmten und handlungsfähigen Persönlichkeiten entwickeln zu können.

Ressourcen werden als hilfreich wahrgenommen, wenn sie verschiedene Optionen von Handlungsmöglichkeiten hervorbringen. In den Potenzialen, die sie bieten, muss ein positiver Nutzen und damit eine hilfreiche Wirkung zur Alltags- und Problembewältigung wahrgenommen werden. Damit einhergehend werden Ressourcen nicht aus sich heraus als Kraftquelle wahrgenommen, sondern müssen vom Individuum erlebt und (aktiv) als hilfreich konstruiert werden.

Ressourcenorientierung steht in der Sozialen Arbeit für eine Praxis, die Adressat*innen mit ihren Kompetenzen und Fähigkeiten wahrnimmt und in den Mittelpunkt stellt (Möbius 2021, S. 710). Menschen, die über eine Vielzahl verfügbarer und mobilisierbarer personaler und umweltbezogener Ressourcen verfügen, werden als weniger verletzlich beschrieben, Menschen, denen weniger Ressourcen zur Verfügung stehen, gelten hingegen als anfälliger für weitere Ressourcenverluste und haben es schwerer, neue hinzuzugewinnen (Lenz 2011a).

Resilienz

Resilienz wird mehrheitlich entwicklungsorientiert als die Fähigkeit von Menschen verstanden, Krisen unter Rückgriff auf persönliche und sozial vermittelte Ressourcen zu meistern und als Anlass für Entwicklung zu nutzen (Fröhlich-Gildhoff/Rönnau-Böse 2021, S. 706). Weiter gefasst wird Resilienz als Kompetenz verstanden, die sich aus verschiedenen Resilienzfaktoren zusammensetzt (Fröhlich-Gildhoff/Rönnau-Böse 2022; Fröhlich-Gildhoff 2020). Sie ist nicht nur in Krisensituationen, sondern ebenso für die Bewältigung alltäglicher Belastungen und Herausforderungen relevant.

Es ist davon auszugehen, dass unter Resilienz keine angeborene Eigenschaft oder einmal erlernte Fähigkeit zu verstehen ist, sondern der Begriff dynamisch und flexibel aufgefasst werden muss (Fröhlich-Gildhoff/Rönnau-Böse 2021). Resilienz verändert sich im Laufe des Lebens abhängig von den Erfahrungen und Ereignissen bei der Bewältigung von Krisen und Herausforderungen. Dabei spielen stabile Bindungs- und Beziehungserfahrungen ebenso wie Selbstwirksamkeitserwartung eine wesentliche Rolle. Ein wichtiger Schutzfaktor ist eine stabile, wertschätzende, emotional warme Beziehung zu einer oder mehreren (erwachsenen) Bezugspersonen und Situationen, in denen Handlungsmächtigkeit (Agency) erfahren wird.

Resilienzfaktoren

Als wesentliche Resilienzfaktoren beschreiben Fröhlich-Gildhoff und Rönnau-Böse (Fröhlich-Gildhoff 2020; Fröhlich-Gildhoff/Rönnau-Böse 2022):

- Sozial angemessene Selbst- und Fremdwahrnehmung und Informationsverarbeitung
- Selbstregulation/-steuerung zur Regulation von Erregungen und Gefühlen
- Selbstwirksamkeit als Überzeugung, (auch im Extremfall) spezifische situative Anforderungen bewältigen zu können
- Soziale Kompetenz als Fähigkeit, Konflikte zu lösen, sich selbst zu behaupten und sich Unterstützung zu holen
- Problemlösekompetenz als Fähigkeit zur strategischen Analyse und zielgerichteten Bearbeitung von Problemen
- Aktive Bewältigungskompetenz als Fähigkeit zur flexiblen Realisierung vorhandener Kompetenzen in bestimmten Situationen
- Sinnfindung und Zielanpassung als Kompetenz zur Entwicklung und Anpassung eines Lebenssinns und damit verbundener Ziele

In der Gesundheitsförderung bedeutet eine ressourcen- und resilienzfördernde Praxis, durch den Mehrebenenansatz Settings zu schaffen, die es ermöglichen, Resilienzfaktoren auf- und auszubauen: in der Familie, Kommune, den Institutionen des Sozial-, Bildungs- und Gesundheitswesens sowie vielen weiteren Lebenswelten der Menschen. Übertragen wurde dieser Ansatz jüngst in das Konzept der resilienten Kommune bzw. urbanen Resilienz.

Urbane Resilienz

Unter urbaner Resilienz versteht man die »Fähigkeit einer Stadt, angesichts einer Störung, einer Krise oder eines Schocks ihre zentralen Funktionen aufrechtzuerhalten oder rasch wiederherzustellen« (Kabisch et al. 2023, S. 11). Städte können an Veränderungen angepasst und ihre Teilsysteme so umgestaltet werden, dass sie künftig gegenüber bekannten Krisen oder Katastrophen resilienter werden, wobei auch hier Resilienz kein von vornherein klar definierter oder statischer Zustand ist, sondern durch Lernen, Anpassungen und Transformationen erzeugt wird (Kabisch et al. 2023).

Mit Blick auf die Gesundheitsförderung müssen Kommunen dazu ermächtigt werden, sozial bedingte gesundheitsbezogene Ungerechtigkeit zu reduzieren, neuen Risiken für die Bevölkerung vorzubeugen und zukünftige Krisen effektiver zu bewältigen.

Auf den Punkt gebracht

Gesundheitsförderung ist ein Prozess, der darauf ausgerichtet ist, sozial bedingte Ungerechtigkeiten abzubauen und einen Beitrag zur mehr gesundheitlicher Gerechtigkeit zu leisten. Um sozioökonomisch bedingte gesundheitliche Ungleichheit zu vermindern, setzt Gesundheitsförderung an der Schaffung gesunder Lebensumwelten bei Individuen, Gruppen und Gesellschaften an. Sie will Menschen ermächtigen, ein höheres Maß an Selbstbestimmung über ihre Gesundheit zu erreichen.

Gesundheitsförderung basiert auf einem salutogenen Gesundheitsverständnis und einer ressourcen- und resilienzorientierten Praxis. Strategien und Maßnahmen zielen auf eine gesundheitsfördernde Gesamtpolitik (HiAP) ab. Dabei spielen die sozialen Determinanten von Gesundheit eine zentrale Rolle.

Reflexionsfragen

1. Was versteht man unter der Ottawa-Charta und Jakarta-Erklärung für Gesundheitsförderung?
2. Erläutern Sie die drei zentralen Handlungsstrategien der Gesundheitsförderung.
3. Welche Bedeutung hat das Modell der sozialen Determinanten von Gesundheit für die Gesundheitsförderung in der Sozialen Arbeit?
4. Erläutern Sie das Risiko- und Schutzfaktoren-Modell an einem Beispiel Sozialer Arbeit.
5. Wie können Sie Gesundheitsressourcen und Resilienz in den Handlungsfeldern Sozialer Arbeit fördern?

Weiterführende Literatur

Hurrelmann, Klaus/Richter, Mattias (2022): Determinanten der Gesundheit. In: Bundeszentrale für gesundheitliche Aufklärung (BZgA) (Hrsg.): Leitbegriffe der Gesundheitsförderung. Köln: Bundeszentrale für gesundheitliche Aufklärung (BZgA).

Mittelmark, Maurice B./Sagy, Shifra/Eriksson, Monica/Bauer, Georg F./Pelikan, Jürgen M/Lindström, Bengt/Arild, Geir (2022): The Handbook of Salutogenesis. 2. Auflage. Cham: Springer Nature.

WHO (1986): Ottawa Charta zur Gesundheitsförderung.

Internetseiten

Social Determinants of Health. World Health Organization (Hrsg.): FAQs, databases and tools, initiatives and groups and resolutions and decisions. [online] Link: https://www.who.int/health-topics/social-determinants-of-health#tab=tab_1 [letzter Zugriff am 15.08.2024].

Soziale Determinanten der Gesundheit (2024). Robert Koch-Institut (Hrsg.). Abt. 2 Epidemiologie und Gesundheitsmonitoring. [online] Link: https://

www.rki.de/DE/Content/Institut/OrgEinheiten/Abt2/FG28/fg28_node.html [letzter Zugriff am 15.08.2024].

3 Theoretisch-konzeptionelle Grundlagen und Methoden von Gesundheitsförderung in der Sozialen Arbeit

☞ **Überblick**

In diesem Kapitel wird die Bedeutung von Gesundheitsförderung in der Sozialen Arbeit behandelt. Gesundheitsförderung ist interdisziplinär mit Konzepten aus Public Health und den Gesundheitswissenschaften verknüpft und integriert gleichzeitig die theoretisch-konzeptionellen Grundlagen und Methoden der Sozialen Arbeit. Zentrale Theorien und Konzepte wie die Lebenswelt- und Sozialraumorientierung, Partizipation und Empowerment werden vorgestellt, die spezifisch auf die Herausforderungen und Potenziale der Gesundheitsförderung in der Sozialen Arbeit abgestimmt sind. Ziel ist es, Gesundheitsförderung aus der Perspektive Sozialer Arbeit zu verstehen und anwenden zu können.

Gesundheitsförderung stützt sich auf gesundheitswissenschaftliche Grundlagen und Konzepte von Public Health, aber auch Ansätze Sozialer Arbeit, wie bspw. die Lebensweltorientierung und das Empowerment. Für die Soziale Arbeit bedeutet dies, zum einen Gesundheitsförderung interdisziplinär zu betrachten, zum anderen ihre theoretisch-konzeptionellen Grundlagen und Methoden als Basis und Ausgangspunkt für Maßnahmen und Strategien zu nehmen und Methoden aus dieser Perspektive heraus, unter Bezugnahme auf die Gesundheitswissenschaften und Public Health, zu entwickeln.

Gesundheitswissenschaften und Public Health

Gesundheitswissenschaften steht als Sammelbegriff für verschiedene Einzelwissenschaften, die wiederum die wissenschaftliche Grundlage für Public Health schaffen (Razum/Kolip 2020, S. 19). Hierzu zählen die Epidemiologie, Biostatistik, quantitative und qualitative empirische Sozialforschung, Gesundheitsökonomie und Demografie und zugleich die Soziologie, Politikwissenschaften, Umweltwissenschaften, Psychologie und Humanbiologie bzw. -medizin (ebd.).

Public Health wiederum identifiziert gefährdende und fördernde Einflüsse auf die Bevölkerungsgesundheit, bspw. individuelle Faktoren wie Bewegungsmangel (Verhalten) und die physische Umwelt, die politischen und ökonomischen Verhältnisse, in denen Menschen leben, sowie das Gesundheitssystem und seine Organisationsformen (ebd.).

Soziale Arbeit

Eine international konsensfähige Bestimmung des Gegenstandes der Sozialen Arbeit erfolgt über die internationale Definition (► Kap. 1). Der Wissenschaft der Sozialen Arbeit liegen verschiedene Theorien und Konzepte zugrunde (siehe u. a. Lambers 2020). Sie bedient sich in ihrer eigenen Theoriebildung ähnlich wie die Gesundheitswissenschaften und Public Health im Theorienspektrum von Bezugsdisziplinen, wie der Erziehungswissenschaft, Soziologie, Politologie, Ästhetik, Philosophie, Psychologie, Medizin, Rechtswissenschaften, Ökonomik sowie Theologie.

Die Gesundheitswissenschaften, Public Health und Soziale Arbeit vereint demnach ein integrativer Zugang und fordert Praktiker*innen heraus, sich in den Handlungsfeldern dieser interdisziplinären Bezugspunkte bewusst zu sein – sie immer wieder kritisch von dem eigenen Bezugspunkt und Handeln ausgehend zu analysieren (siehe hierzu Dewe/Otto 2010). Soziale Arbeit muss Gesundheitsförderung aus ihrer theoretisch-konzeptionellen Perspektive begreifen und umsetzen. Hierzu bieten sich insbesondere Ansätze lebenswelt- und sozialraumorientierter Sozialer Arbeit an (▶ Kap. 3.2), Partizipation (▶ Kap. 3.3) sowie das Empowerment-Konzept (▶ Kap. 3.4). Darüber hinaus sind der Settingansatz (▶ Kap. 3.5), eine Gesundheitsförderungskultur (▶ Kap. 3.6), Vernetzung und Kooperation (▶ Kap. 3.7) sowie kommunale Konzepte (▶ Kap. 3.8) zentral.

3.1 Professionstheoretische Grundlagen

Als handlungsorientierte Wissenschaft liegen der Gesundheitsförderung in der Sozialen Arbeit professionstheoretische Perspektiven zugrunde. Das professionelle Handeln orientiert sich an einer Hilfe zu Lebensbewältigung (u. a. Böhnisch 2023) und Problemlösen orientiert am Kriterium der Alltagsnähe (u. a. Thiersch 2013) mit dem Ziel der Bemächtigung und Befreiung, Förderung von Teilhabe und sozialer Gerechtigkeit (u. a. Ziegler 2011). Professionelles Handeln muss den »jeweils zeitgemäßen fachlich-methodischen Standards entsprechend« erfolgen (Kreft 2017, S. 452) und aktuelle Wissensbestände einbeziehen sowie Konzepte und Methoden anwenden. Handlungskompetenz in der Gesundheitsförderung bedeutet, über das Grundlagenwissen in Form grundlegender Theorien und Konzepte sowie über spezialisiertes Wissen aus den fachlichen Teilbereichen der Handlungsfelder zu verfügen und dieses Wissen methodisch und berufsethisch informiert anzuwenden.

Strukturbedingungen Sozialer Arbeit

Gesundheitsförderung in der Sozialen Arbeit erfolgt unter den Strukturbedingungen ihrer Praxis: Bedingungen der Ungewissheit, kaum eindeutigen Ursache-Wirkungs-Zusammenhängen, komplexen sozialen Problemlagen und vielfältigen sozialen Prozessen in den Interaktionen zwischen den Menschen. Die Auswirkungen von Maßnahmen der Gesundheitsförderung sind nur zu einem gewissen Grad steuerbar

(Prozessorientierung). Zudem sind Methoden der Gesundheitsförderung nicht als Ziel-Mittel-Technologien zu verstehen (Technologiedefizit). Vielmehr geht es um ein geplantes wissenschaftliches Vorgehen, um die grundlegenden Strukturen und Möglichkeiten zu schaffen, konstruktive Veränderungsimpulse für mehr Gesundheit im Alltag der Menschen zu setzen.

Für die Praxis Sozialarbeitender in der Gesundheitsförderung bedeutet das, die spezifischen Konstitutions- und Rahmenbedingungen der Sozialen Arbeit und die daraus folgenden Strukturprobleme des Handelns als Ausgangspunkt für die Bestimmung eines eigenständigen Professionalitätsmodells zu nehmen (Hochuli Freund/Stotz 2021, S. 62).

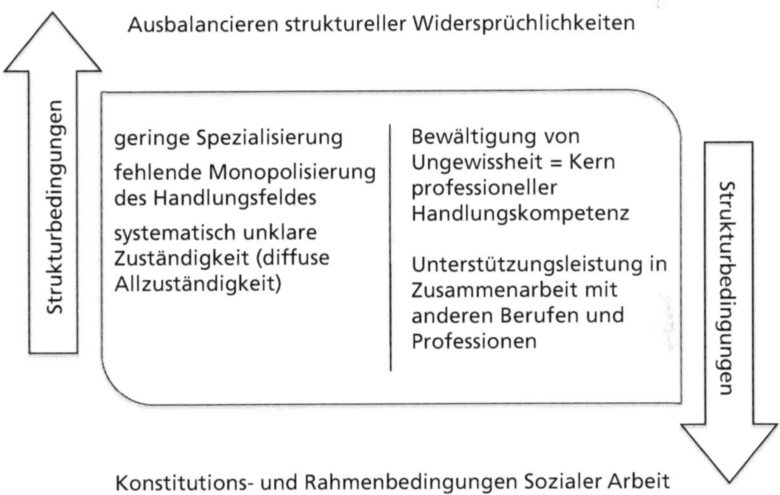

Abb. 4: Merkmale professionell-methodischen Handelns in der Sozialen Arbeit (in Anlehnung an Hochuli Freund/Stotz 2021, S. 62)

Gesundheitsförderung in der Sozialen Arbeit zeichnet sich aus durch ein Ausbalancieren struktureller Widersprüchlichkeiten, eine geringe Spezialisierung, fehlende Monopolisierung des Handlungsfeldes und eine mitunter systematisch unklare Zuständigkeit – bezeichnet als diffuse Allzuständigkeit für komplexe Probleme.

Beispiel

In der Wohnungslosenhilfe kann es z. B. gesundheitsfördernd sein, wenn Zugänge zur Schuldnerberatung geschaffen werden, genauso wie auch zur medizinischen Versorgung. Im ersten Fall zeigt sich die Gesundheitsförderung implizit in der Sicherung materieller Ressourcen und ist damit auch für Fachkräfte Sozialer Arbeit schwerer zu kommunizieren, als ein Arztbesuch es wäre.

Interprofessionelle Kompetenz ist in der Gesundheitsförderung damit unerlässlich und gleichsam angewiesen auf professionelle Autonomie aller beteiligten Fachkräfte. Diese kann erreicht werden, wenn sich die Fachkräfte ihrer wissenschaftlichen, konzeptionellen und methodischen Grundlagen bewusst sind und diese selbstbewusst in der Zusammenarbeit hervorbringen können.

3.2 Lebenswelt- und Sozialraumorientierung

Das Verstehen der diversen Lebenswelten, und wie Gesundheit im Alltag hergestellt werden kann, bildet eine der wesentlichen Herausforderungen für die Soziale Arbeit. Eine theoretisch-konzeptionelle Grundlage liefert die Lebensweltorientierte Soziale Arbeit (u. a. Grunwald/Thiersch 2015). Sie verbindet die hermeneutische Tradition des Verstehens subjektorientierter Alltagskonstruktionen, individueller Erfahrung und Identität sowie der Mühen der Lebensbewältigung (u. a. Böhnisch 2023) mit einer interaktionistisch-phänomenologischen Tradition der Analyse von Grundstrukturen des sozialen Zusammenlebens. In dem Ansatz interessiert nicht allein die Ansicht von Expert*innen über Gesundheitsrisiken und -potenziale. Vielmehr rücken die spezifisch alltagsweltlichen Lebens- und Wissensformen der Menschen in den Blick von Hilfeprozessen (Grunwald/Thiersch 2015).

Lebensweltorientierte Soziale Arbeit

»Lebensweltorientierte Soziale Arbeit sieht AdressatInnen in ihrem Leben bestimmt durch die Auseinandersetzung mit den alltäglichen Lebensverhältnissen« (Grunwald/Thiersch 2015, S. 934). Damit verweist sie auf Gesundheitsförderung aus einer akteursorientierten Perspektive, die individuelle Eigenwilligkeit und Einzigartigkeit ernst nimmt und die Stimme der Adressierten in den Mittelpunkt von Maßnahmen stellt (vgl. Thiersch 2013, S. 23).

Gesundheitsförderung aus Perspektive Lebensweltorientierter Sozialer Arbeit betrachtet die Menschen in ihrer Eingebundenheit in alltägliche »Widersprüche zwischen verfügbaren Ressourcen und problematisch belastenden Lebensarrangements, zwischen gekonnten und ungekonnten Bewältigungsleistungen, Resignation und Hoffnung, Borniertheit des Alltags und Aufbegehren gegen diese Borniertheiten« (Grunwald/Thiersch 2015, S. 934). Probleme und Ressourcen, Freiheiten und Einschränkungen in allen Lebensbereichen entstehen vor dem Hintergrund sozialer, materieller und politischer Bedingungen. Demnach ist es die Aufgabe von Sozialer Arbeit, Adressierte dahingehend zu stärken, dass sie ihre Optionen zur Einflussnahme auf die Gesundheit im Alltag freisetzen können.

Konsequenter Ausgangspunkt zur Entwicklung gesundheitsfördernder Maßnahmen ist der Alltag der Menschen, mit dem Ziel Ressourcen zu fördern, Strukturen zu empowern, Partizipationsmöglichkeiten zu erweitern und Vernetzung und Kooperation voranzutreiben (Rademaker/Altenhöner 2021). Gleichzeitig übt die Soziale Arbeit Kritik an gesundheitsgefährdenden Lebenswelten mit dem Ziel der individuellen Bemächtigung und gesundheitsbezogenen Chancengerechtigkeit. Handlungsoptionen über alle Sektoren hinweg sollen erweitert und Handlungsmacht (Agency) ermöglicht werden.

Agency und Gesundheit

Agency ist »das zeitlich aufgebaute Handeln von Akteurinnen und Akteuren aus verschiedenen strukturellen Umwelten […], das im Zusammenspiel von Gewohnheit, Vorstellung und Beurteilung solche Strukturen gleichermaßen reproduziert wie transformiert, um interaktiv auf Problemstellungen zu reagieren, vor die sie wechselnde historische Situationen stellen« (Emirbayer/Mische 2017, S. 147)

Gesundheitsbezogene Agency beschreibt die realen Handlungsoptionen der Menschen, sich für oder gegen ein Handeln mit Auswirkung auf ihre Gesundheit zu entscheiden, und betrachtet diese Optionen in Relation zu gesellschaftlichen Rahmenbedingungen und dem situativen Kontext, in dem sie sich befinden (Rademaker 2018). Hierbei spielen subjektive Motive, in der Sozialisation erworbene Umgangsformen sowie gesellschaftliche, milieuspezifische Werte und Normen eine zentrale Rolle. Sie nehmen Einfluss darauf, inwieweit objektiv zur Verfügung stehende Handlungsoptionen im Alltag individuell wahrgenommen werden, um auf Belastungen und Problemlagen reagieren zu können.

Gesundheitsbezogene Agency bedeutet, Gesundheit und die Möglichkeiten ihrer Aufrechterhaltung und Wiederherstellung im Alltag der Menschen zu verstehen und an die subjektiven Erfahrungen von Handlungsmächtigkeit und -ohnmacht zurückzubinden. Gesundheitsbezogene Agency beschreibt die von den Menschen subjektiv wahrgenommenen Handlungsoptionen, Gesundheit zu entfalten.

Beispiel: Schmerzverständnisse in sozialen Milieus (aus Ohlbrecht/Dreßke 2019, S. 7 f.)

Mit dem Interviewmaterial einer Studie mit hochaltrigen geriatrischen Patient*innen illustrieren Ohlbrecht und Dreßke (2019), wie Körpererfahrungen gedeutet werden können. Sie nehmen Bezug auf Personen aus dem ländlichen Raum, die in den 1930er und 1940er in ihrer Kindheit und Jugend hart arbeiten mussten. Frau Gert (geb. 1924) erinnert sich an eine Episode bei der Feldarbeit, die sie ab dem Alter von sechs Jahren in den 1930er Jahren verrichtete:

»Ja, wir mussten schon viel mitarbeiten. Da gab es keine Maschinen, die die Kartoffeln rausmachten, da ist der Papa und der Opa, die sind früh morgens schon um vier Uhr los aufs Feld mit Gabeln und haben die Kartoffeln ausgegraben. Wir Kinder hatten Eimer und Körbe und dann haben wir die Kartoffeln aufgelesen. Eine Schwester von mir sagte: ›Papa, ich kann nicht mehr. Ich habe so Rückenweh. Ich habe so Kreuzweh.‹ Dann hat der Papa gesagt: ›Du bist noch so jung, du hast doch noch gar kein Kreuz.‹«

Deutlich wird ein robustes Verständnis von Körper und von sich selbst, das sich aus der Notwendigkeit der Existenzsicherung durch harte Arbeit speist. Frau Gert denkt im Verlauf des Interviews über den Unterschied von Kinder- und Erwachsenenkörper nach, was folgendermaßen gedeutet wurde: Kinderkörper sind noch im Wachsen begriffen und zerbrechlich, aber sie sind auch unverbraucht, biegsam, trainierbar, weich und formbar – resistent gegenüber Unfällen und Schmerzen. Erwachsenenkörper sind dagegen geformt, hart und stabil, werden abgeschliffen, und Schmerzen werden zu ihrem ständigen Begleiter. Schmerzen werden stofflichen Ursachen zugeschrieben: Man hat sich bei harter Arbeit verspannt, sich gestoßen oder sich verletzt. In der Regel wird trotz der Schmerzen weiter gemacht und man lässt sich nichts anmerken. Schmerzen werden durch Markierungen sichtbar: durch Narben von Unfällen, blaue Flecke vom Sturz oder Verletzungen aus dem Krieg.

Am Beispiel der Studie zu den Schmerzumgangsdeutungen der Hochaltrigen leiten die Forscher*innen ab, dass für die Befragten Schmerzen des körperlichen Verschleißes ihre Ausweise biografischer und historischer Erfahrungen sowie von Zugehörigkeit sind. Das bedeutet, dass zu einer guten Schmerzbehandlung auch gehört, die lebensweltlichen Sinnhorizonte der Patient*innen zu verstehen, um Interventionen möglichst lebens- und alltagsweltnah zu gestalten und ihre Akzeptanz damit zu erhöhen.

Eine Schwierigkeit derartiger Adressat*innenorientierung kann es sein, institutionellen Interessen und Expert*innenperspektiven in Maßnahmen zur Gesundheitsförderung nachgehen zu müssen und gleichzeitig lebens- und alltagsweltliche Bedarfe und Bedürfnisse der Menschen im Blick zu behalten. Es ist darauf zu achten, dass Gesundheitsförderung nicht zur Gesundheits*forderung* wird, wenn gesellschaftliche Erwartungen unreflektiert auf Maßnahmen übertragen werden. Die situativen Handlungsvollzüge, individuelle Not und spezifische Interessenslagen von Adressierten dürfen nicht ins Hintertreffen geraten. Diese sind vielfach die Ursache für gesundheitliche Einschränkungen, Störungen und Belastungen und erfordern eine multiperspektivische Bearbeitung.

Maximen Lebensweltorientierter Sozialer Arbeit in der Gesundheitsförderung

Äußerst anschlussfähig an Maßnahmen der Gesundheitsförderung erweisen sich die Maximen Lebensweltorientierter Sozialer Arbeit. Sie bieten konkrete Ansatzpunkte für eine subjekt- und alltagsorientierte sowie sozialräumlich organisierte Gestaltung (Grunwald/Thiersch 2009):

1. Prävention
   Unter Prävention wird eine Infrastruktur unterstützender Angebote und präventiver Interventionen verstanden, bevor Krisen entstehen. Hierzu zählen bspw. Armutsbekämpfung und die Förderung von Bildungsgerechtigkeit als zentrale Faktoren zum Abbau gesundheitlicher Ungerechtigkeit.
2. Alltagsrelevanz
   Als alltagsrelevant erweisen sich Angebote, die die lebensweltlichen Erfahrungen und Interpretationen der Adressierten kennen und sich zunutze machen. Wichtige Akteure für die Gesundheitsförderung sind damit bspw. Quartierssozialarbeiter*innen und Streetworker*innen, Fachkräfte, die mit Adressierten(gruppen) in einer langfristigen Arbeitsbeziehung stehen, denen Adressat*innen Vertrauen schenken und sie an ihren lebensweltlichen Erfahrungen teilhaben lassen.

3. Regionalisierung
   Darüber hinaus müssen Angebote und Versorgungsstrukturen im lokalen Nahraum gut vernetzt sein (Regionalisierung), um Übergänge zwischen den Systemen zu ermöglichen und Doppelstrukturen zu vermeiden. Insbesondere in der Gestaltung integrierter Strategien zur Gesundheitsförderung (▶ Kap. 3.8) bieten sich langfristig angelegte, themenspezifische und inter-/transdisziplinäre Arbeitsgruppen an.
4. Integration
   Integration meint die Ermöglichung von Zusammenhalt und Inklusion. Hierbei spielen u.a. Fragen der Teilhabe von Menschen mit Behinderungen, diskriminierten und sozial ausgegrenzten Personengruppen und ihren Zugängen zu Versorgungsstrukturen eine wichtige Rolle.
5. Partizipation
   Gesundheitsförderung ist die Förderung der aktiven Teilhabe, Mitbestimmung und Schaffung von Gestaltungsräumen für Adressierte (Partizipation), um sie zu ermächtigen und Maßnahmen stärker an ihrem Alltag zu orientieren.

Insbesondere mit den Maximen 4 und 5 adressiert eine lebensweltbezogene Gesundheitsförderung unmittelbar die sozialen Räume, in denen Gesundheit im Alltag hergestellt wird.

Sozialraumorientierung in der Gesundheitsförderung

Sozialraumorientierung zielt einerseits auf einen integrierten und flexiblen Unterstützungsansatz von Angeboten ab. Andererseits ist sie eine kommunal-administrative Strategie der Steuerung, um eine an geographischen Einheiten ausgerichtete Dezentralisierungsstrategie umzusetzen (Kessl/Reutlinger 2021, S. 849).

Zugrunde liegt dem Ansatz ein relationales Raumverständnis: Räume entstehen durch relationale Anordnungen von Gegenständen und Menschen an Orten (Löw 2023, S. 159). Handeln entsteht innerhalb dieser Räume und wird gleichzeitig von ihnen beeinflusst. Die Dimensionen Soziales und Raum stehen nicht getrennt voneinander und lassen Sozialräume zu sich »ständig reproduzierte[n] Gewebe[n] sozialer Praktiken« werden (Kessl/Reutlinger 2022, S. 7). Für die Gesundheitsförderung bedeutet das, Räume so zu gestalten, dass sie der Förderung der Gesundheit der Menschen beitragen (Spacing) und dass Elemente ausgewählt werden, die in die Raumkonstitution eingehen können (Syntheseleistung) (Löw 2023).

Das relationale Raumverständnis grenzt sich von absoluten und auf physisch-materielle Dimensionierungen reduzierten Auffassungen eines abgesteckten Settings ab (z. B. Schule, Kita oder Quartier). Es geht weniger darum, Maßnahmen zur Gesundheitsförderung in einem Setting zu implementieren, sondern darum, das Doppelspiel von physischem (territorialem/geographischem) und sozialem Raum als konstitutives Merkmal und Ausgangspunkt für die Planung von Maßnahmen zu fokussieren (Kessl/Reutlinger 2022).

Im Fachkonzept der Sozialraumorientierung werden daher sozialräumliche Verhältnisse auf Basis fünf methodischer Prinzipien gestaltet.

Methodische Prinzipien der Sozialraumorientierung (Noack 2022)

1. Orientierung an den Interessen und am Willen der Menschen
2. Unterstützung von Eigeninitiative und Selbsthilfe
3. Konzentration auf Ressourcen
4. Zielgruppen- und bereichsübergreifende Sichtweise
5. Kooperation und Koordination

Deutliche Überschneidungen zeigen sich bei den Maximen der lebensweltorientierten Sozialen Arbeit; zudem erfordert Sozialraumorientierung in der Praxis der Gesundheitsförderung eine ernstzunehmende Verwirklichung von Partizipation.

3.3 Partizipation

Partizipation (von lateinisch ›participare‹ = teilnehmen, teilhaben lassen) kann sowohl als eines der Basiskonzepte Sozialer Arbeit als auch der Gesundheitsförderung verstanden werden. Im Ursprung handelt es sich um einen demokratietheoretischen Begriff, der die »Teilhabe an – und damit den Einfluss auf – politische Planungs- und Entscheidungsprozesse« bezeichnet (Urban-Stahl 2021, S. 636). Partizipation bezieht sich auf das Recht von Menschen auf Selbstbestimmung und Beteiligung an sie betreffenden Entscheidungen.

Partizipation

Partizipation ist die bewusste Beteiligung, um Menschen in ihrer individuellen und sozialen Entwicklung zu fördern, sie in ihrem Streben nach Integration zu unterstützen und bei der Überwindung von Belastungen und Krisen zu helfen, um ihre Desintegration und Deklassierung zu vermeiden (Gintzel 2017). Sie ist angewiesen auf Alltagsorientierung, um die Menschen unter Berücksichtigung ihrer Interessen und Bedürfnisse zu befähigen und Lösungsprozesse aus ihrem Alltag heraus (mit) zu gestalten. Ziele von Partizipation sind Handlungsräume schaffen, die Qualität von Leistungen erhöhen und Leistungen flexibler gestalten (ebd.).

Neben Ansatzpunkten in den Theorien und Konzepten Sozialer Arbeit hält auch die Ottawa-Charta zur Gesundheitsförderung explizit die Einbeziehung von Menschen im Sinne von Partizipation fest (▶ Kap. 2.1). Partizipation erhält damit eine doppelte Bedeutung im Sinne einer Teilhabe ermöglichenden Politik sowie eines partizipierenden Individuums.

Partizipation in der Gesundheitsförderung

In der Gesundheitsförderung bedeutet Partizipation entsprechend,

1. Menschen, die ihre Rechte selbst nicht ausreichend vertreten und einfordern können, über Partizipation zu ihrem Recht auf Gesundheit zu verhelfen,
2. Machtverhältnissen in der politischen Steuerung entgegenzutreten (Demokratieförderung),
3. der Subjektivität der Menschen und ihrer Gesundheit gerecht zu werden sowie
4. Prozesse von Gesundheitsförderung so zu optimieren, dass die Menschen ihr individuelles Kapital in Entscheidungsprozesse einbringen können (Urban-Stahl 2021).

Ziele von Partizipation sind, Lösungsprozesse und Alltag mitzugestalten, Interessen und Bedürfnisse der Menschen zu berücksichtigen, Handlungsspielräume zu schaffen und die Qualität und Flexibilisierung von Maßnahmen zu steigern (▶ Abb. 5). Wirkungen sind in Maßnahmen zur Gesundheitsförderung an den Adressierten zu orientieren. Dabei müssen diese über eine Förderung von aktiver Teilhabe an Entscheidungsprozessen zur Mitwirkung befähigt werden, um eine reale Demokratisierung der Handlungskonzepte zu erreichen. Diese Praxis der Gesundheitsförderung ist auf eine professionelle Haltung angewiesen, die Adressierte als Expert*innen ihres Alltags wahr- und ernst nimmt.

Diese Form von Entscheidungsteilhabe kann in zweierlei Hinsicht einen positiven Einfluss auf die Gesundheit der Menschen nehmen (Hartung 2012):

- über den Prozess bzw. Weg, sich als selbstwirksam wahrzunehmen, und
- über die Ergebnisse, die durch die Beteiligung Betroffener erreicht werden und näher an ihrem Alltag orientiert sind.

Gesundheitsrelevante Veränderungen können leichter eingeleitet werden, wenn sie von Adressat*innen als sinnvoll erlebt werden. Vor diesem Hintergrund entwickelten sich in den vergangenen Jahren wegweisende Konzepte und Methoden partizipativer Gesundheitsförderung und wurden in ihrer Wirksamkeit, insbesondere in der Förderung von Gesundheit sozial benachteiligter Gruppen, evaluiert (Rosenbrock/Hartung 2012; Hartung et al. 2020). Hervorzuheben ist im deutschsprachigen Raum der

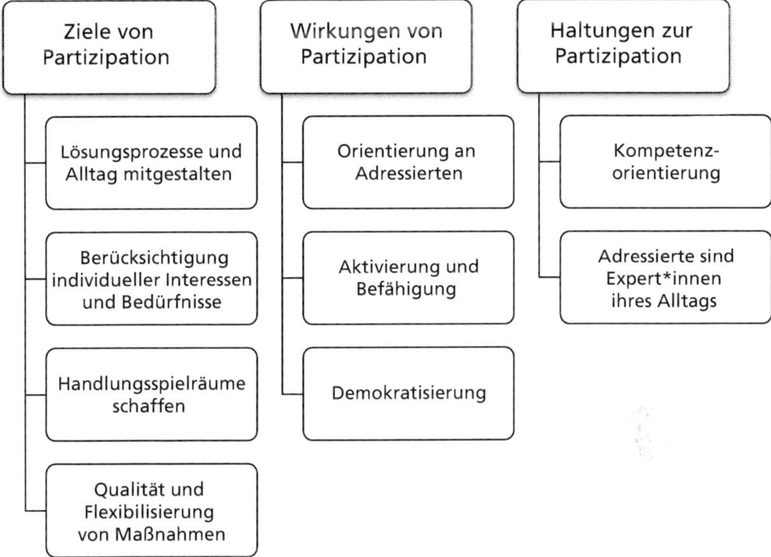

Abb. 5: Ziele, Wirkungen und Haltungen von Partizipation (in Anlehnung an Gintzel 2017)

Forschungsverbund PartKommPlus, der seine Erkenntnisse der Öffentlichkeit über eine Homepage zur Verfügung stellt (www.partkommplus.de).

Zur Unterscheidung herkömmlicher und partizipativer Gesundheitsförderung dient die folgende Tabelle (▸ Tab. 2).

Tab. 2: Unterschiede herkömmlicher und partizipativer Gesundheitsförderung (in Anlehnung an Wright/Unger/Block 2010, S. 37)

Herkömmliche Gesundheitsförderung	Partizipative Gesundheitsförderung
• Menschen sind Hilfeempfangende	• Menschen sind Nutzende, Partner*innen und Mitgestalter*innen
• Fachkräfte verstehen sich als Expert*innen, Probleme werden aus Expert*innenperspektive definiert	• Fachkräfte sind Katalysatoren, die Problemdefinitionen und -lösungen anregen

Tab. 2: Unterschiede herkömmlicher und partizipativer Gesundheitsförderung (in Anlehnung an Wright/Unger/Block 2010, S. 37) – Fortsetzung

Herkömmliche Gesundheitsförderung	Partizipative Gesundheitsförderung
• Gesundheitsförderung versteht sich als beratende, behandelnde, erzieherische Tätigkeit	• Gesundheitsförderung versteht sich als aktivierende, unterstützende, fördernde Tätigkeit
• Angebote sind normativ (Verhaltensorientierung)	• Angebote sind lebensweltorientiert (Setting-Ansatz, Verhältnisorientierung)
• Ziel ist es, bestimmte Verhaltensweisen zu bewirken	• Ziel ist es, ein selbstbestimmtes Handeln zu unterstützen und gesundheitsfördernde Strukturen in den Lebenswelten zu schaffen

Stufen partizipativer Gesundheitsförderung

Maßnahmen partizipativer Gesundheitsförderung lassen sich systematisch in Stufen entwickeln und unterscheiden sich dabei in Art und Weise der Partizipation. Dazu stellen Wright, Block und Unger ein Stufenmodell vor, welches die verschiedenen Möglichkeiten der partizipativen Teilhabe aufzeigt (► Abb. 6) (Wright/Block/Unger 2010, S. 42) Zwar gilt der Grundsatz, dass eine höhere Partizipation das Potenzial der Verbesserung der Gesundheit fördert, allerdings bedeute das nicht, dass alle Maßnahmen die höchste Stufe erreichen müssen. Insbesondere Menschen, die wenig Entscheidungsmacht in ihrem Alltag erleben, müssen Möglichkeiten erfahren, um Partizipation zu erlernen und einzuüben (Wright 2012, S. 99).

Damit ist Partizipation in der Gesundheitsförderung, ebenso wie Lebenswelt- und Sozialraumorientierung, ein wichtiges Konzept zur Sicherung der Autonomie, im Sinne des Auftrags der Sozialen Arbeit. Gleichzeitig ist die Förderung der Autonomie in Bezug auf die Gestaltung der eigenen Gesundheit Ziel von Gesundheitsförderung.

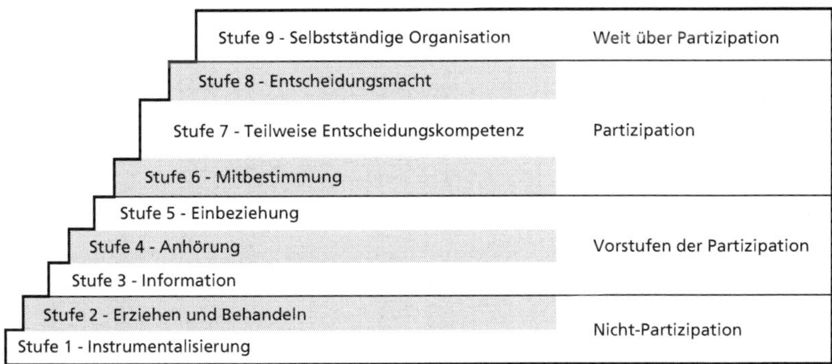

Abb. 6: Stufen der Partizipation in der Gesundheitsförderung nach Wright, Block und Unger (2010, S. 42)

Deutlich wird aber, dass sich die professionelle Praxis von Gesundheitsförderung – der zentralen Forderung der Ottawa-Charta folgend – mit einem partizipativen Ansatz zu einer beratenden und unterstützenden Arbeit verändert, die weniger nominierend agiert. Partizipation steigert nicht nur die Bedarfsorientierung, Akzeptanz und Annahme von Angeboten, sondern weckt selbst gesundheitsfördernde Potenziale: Selbstwirksamkeit, Verantwortungsbewusstsein, Kommunikations- und Interaktionsfähigkeiten u. v. m. Sie fokussiert dabei weniger auf die Verantwortung Einzelner, sondern hebt auf die Verhältnisse ab, in denen die Chancen auf Gesundheit im Alltag beeinflusst werden.

3.4 Empowerment

Empowerment stammt aus dem Englischen und bezeichnet ein Konzept, welches zur Selbstermächtigung, -befähigung und folglich zu einer Steigerung der Autonomie beitragen soll. Der Begriff selbst gewann insbesondere durch die Arbeiten von Julian Rappaport (Rappaport 1987) an Bedeutung, der aus einer psychologischen Perspektive Prozesse der

Selbsthilfe untersuchte. »Empowerment ist der Glaube an die Macht der Menschen, ihr Schicksal selbst in die Hand zu nehmen und am Leben ihrer Gemeinschaft teilzuhaben« (Rappaport 1987, S. 142).

Empowerment in der Sozialen Arbeit

Norbert Herriger unterscheidet in seinen Werken über Empowerment in der Sozialen Arbeit vier Formen: die politische, die lebensweltliche, die reflexive und die transitive (Herriger 2024, S. 13–18).

1. Empowerment lässt sich politisch definieren, wenn es insbesondere um die gerechte (Um-)Verteilung von politischer Macht geht. Dazu gehören die Gemeinwesenarbeit, Alphabetisierungsprogramme, Bürgerrechtsbewegungen u. v. m.
2. In Bezug auf die lebensweltlichen Bezüge lassen sich Aspekte der autonomen Lebensführung und des gelingenden Alltags nennen. Herriger spricht hier auch von der »gelingende[n] Mikropolitik des Alltags« (S. 15).
3. Reflexives Empowerment kennzeichnet den Prozess der Selbstbemächtigung, also konkret den Wechsel von einer de-empowerten Situation hin zu einem Moment der Veränderung und es Aufbruchs mit dem Ziel der Befreiung und der Steigerung der Autonomie. Wichtig ist, dass hier von einem selbstgesteuerten Prozess die Rede ist.
4. Anders verhält es sich mit der transitiven Form des Empowerments. Hier meint Empowerment die Ermöglichung der Selbstbestimmung oder der Steigerung der Autonomie durch andere. Das bedeutet, dass hier Strukturen, Personen oder Organisationen dazu beitragen, dass größere Spielräume der Selbstentfaltung entstehen oder sogar gezielt dazu ermutigen.

Maßnahmen auf Basis des Empowerment-Konzeptes haben ein großes Potenzial, Menschen dabei zu unterstützen, Selbstbemächtigung und Selbstbefähigung mit Blick auf die Gesundheit zu erfahren. Bei dem Konzept geht es um die Gewinnung und Wiedergewinnung von Stärke,

Energie und Fantasie zur Gestaltung eigener Lebensverhältnisse (Lenz 2011b, S. 13).

Empowerment als integratives Handlungskonzept für die psychosoziale Praxis

Als integratives Handlungskonzept zielt Empowerment darauf ab, die Menschen zu ermutigen, ihre eigenen Stärken, Fähigkeiten und Kompetenzen (wieder) wahrzunehmen sowie Potenziale und Kräfte zu entfalten (Lenz 2011b). Dabei ist es ein zentrales Handlungsziel, den Gestaltungs- und Möglichkeitsspielraum der Menschen in ihrer Alltags- und Lebenswelt zu erweitern, um sie in die Lage zu versetzen, eigenverantwortlich Entscheidungen zu treffen, für eigene Bedürfnisse einzustehen, situationsangemessen auf Belastungen und Krisen zu reagieren sowie sich aktiv Zugang zu Wissen, Dienstleistungen und sozialer Unterstützung zu organisieren (ebd., S. 15).

In der Gesundheitsförderung ist das Konzept von besonderer Bedeutung, da sich insbesondere im Zusammenhang mit Erkrankung und Schicksalsschlägen eine Wahrnehmung von Kontrollverlust und Gefühle der Ohnmacht einstellen können. Beispielsweise finden sich Patient*innen mit lebenszeitlimitierenden Diagnosen häufig in einem Moment der Hilflosigkeit oder auch Selbstaufgabe wieder oder schaffen es in dem Moment der häufig als krisenhaft erlebten Erstdiagnose nicht, Empfehlungen zur Behandlung und Therapie zu verstehen. Wichtige Adressat*-innen sind darüber hinaus marginalisierte Gruppen, wie z.B. psychisch oder suchterkrankte Eltern, wohnungslose Menschen und von Diskriminierung und Ausgrenzung Betroffene. Aufgrund des engen Zusammenhangs von Armut und Gesundheit sind zudem Kinder und Jugendliche eine zentrale Adressat*innengruppe. Sie sind in vielen Kontexten mit Machtstrukturen konfrontiert, die sie eher entmächtigen, anstatt zu empowern. Ziel von Gesundheitsförderung ist es, diese Gruppen in die Lage zu versetzen, zu partizipieren und ihre Vorstellungen und Wünsche, aber auch Kritik im Kontext bestehender Strukturen zu äußern.

3.5 Setting und Settingansatz

Der Settingansatz gilt als die zentrale Strategie zur Umsetzung von Gesundheitsförderung und wird im deutschsprachigen Raum häufig mit ›Lebensweltansatz‹ übersetzt. Da die Soziale Arbeit dem Lebensweltbegriff eine besondere Bedeutung unabhängig von einem abgegrenzten Raum wie der Schule oder dem Betrieb beimisst (▶ Kap. 3.2), erfordert die Klärung des Settingansatzes eine Präzisierung. Die Begriffe Setting, Lebenswelt und Lebensraum können aus verschiedenen wissenschaftlichen Diskursen unterschiedlich ausgelegt werden, u. a. der Philosophie, Soziologie und Psychologie (Engelmann/Halkow 2008). Sie werden auch in der aktuellen Literatur zur Gesundheitsförderung weiterhin unterschiedlich gedeutet. Um ihre jeweilige Bedeutung klarer zu definieren, sollten sie nicht – wie in der Gesundheitsförderung z. T. praktiziert – synonym verwendet werden. Ihnen ist jedoch gemeinsam, dass sie menschliches Verhalten beeinflussende Konstrukte beschreiben, und demnach ist das Setting ein »anerkanntes soziales System«, das einen Einfluss auf die Gesundheit ausübt (ebd.).

Entsprechend der Ottawa-Charta (1986) nimmt der Settingansatz die Lebenswelten der Menschen in den Blick, in denen Menschen spielen, lernen, arbeiten und wohnen. Damit umschreibt er zentrale Sozialisationsräume wie Schulen, Jugendzentren, Arbeitsplätze, Stadtteile oder Quartiere, in denen Gesundheitsförderung erfolgen soll. Diese Settings haben einen wesentlichen Einfluss darauf, ob Menschen sich gesundheitsförderlich verhalten (können). In der Sozialen Arbeit liegt dem Settingansatz ein relationaler Raumbegriff zugrunde (▶ Kap. 3.2), der in der Praxis der Gesundheitsförderung vielfach auf organisationale oder regionale Systeme bezogen wird. Es wird davon ausgegangen, dass die Lebenswelten der Menschen durch formale Organisationen und Zugriffsmöglichkeiten leichter gesundheitsfördernd gestaltet werden können und daher gegenüber weniger formalisierten Lebensbereichen als einfacher zugänglich für Maßnahmen erscheinen (Engelmann/Halkow 2008, S. 30 ff.; Hartung/Rosenbrock 2022).

Damit wird ebenfalls deutlich, dass der Settingansatz mehr umfasst als die Beschreibung eines Ortes bzw. Raumes, in dem Maßnahmen zur

Gesundheitsförderung stattfinden sollen. Ziel ist es, ebenfalls die Strukturen des Settings in den Blick zu nehmen, um Verhältnisse zu schaffen, die gesundheitsförderliches Verhalten ermöglichen. Damit trägt der Settingansatz der Tatsache Rechnung, dass die Gesundheit von Menschen, Gruppen und Gesellschaften das Resultat wechselseitiger Beziehungen zwischen gesundheitsförderlichen und gesundheitsbelastenden Einflussfaktoren im Alltag der Menschen ist (Hartung/Rosenbrock 2022). Entsprechend den Kenntnissen über soziale Determinanten von Gesundheit können sich Einflussfaktoren auf der Mikro-, Meso- oder Makroebene befinden. Im Sinne dieser sozial-ökologischen Perspektive muss für die Umsetzung des Settingansatzes folglich an den verschiedenen Einflussebenen angesetzt und deren Interaktionen bei der Maßnahmengestaltung explizit berücksichtigt werden (Quilling/Dadaczynski/Müller 2016).

Die praktische Anwendung des Settingansatzes

In der praktischen Anwendung des Settingansatzes sind die verschiedenen Einflussfaktoren, ob individuell, sozial oder ökologisch, systematisch zu adressieren. Neben den gesellschaftlichen und institutionellen Rahmenbedingungen (Verhältnissen) ist das Verhalten in den Blick zu nehmen (Rademaker/Altenhöner 2021). Dabei zielt der Settingansatz auf mehr Selbstbestimmung für die eigene Gesundheit und folgt damit konsequent dem Empowermentansatz. Zudem müssen settingorientierte Maßnahmen auf Partizipation in allen Lern- und Entwicklungsprozessen im Sinne einer nachhaltigen Gesundheitsförderung setzen. Sie sind darauf ausgerichtet, Lebensbedingungen gesundheitsförderlich zu gestalten und die individuellen und gemeinschaftlichen Fähigkeiten und Ressourcen der Menschen innerhalb des Settings zu stärken sowie sie zu eigenverantwortlichen Entscheidungen über ihre Gesundheit und zur aktiven Mitgestaltung der entsprechenden Rahmenbedingungen zu befähigen.

Kritischer Exkurs zum Settingansatz

Eine Verkürzung auf die Erreichbarkeit von Adressat*innen in einem räumlich begrenzten Setting würde dem Settingansatz und seinem

Anspruch, sozio-ökonomisch bedingter gesundheitlicher Ungleichheit langfristig entgegenzusteuern, nicht gerecht werden. Gesundheitsförderliche Maßnahmen im Setting haben ihre Berechtigung und können einen wichtigen Beitrag zur Gestaltung gesundheitsförderlicher Lebenswelten leisten. Das Setting aber einfach nur als Ort für Interventionen, z. B. in den Bereichen Ernährung, Bewegung, Stressregulation oder Suchtprävention zu betrachten, lässt das Potenzial einer lebensweltorientierten Gesundheitsförderung (▶ Kap. 3.2) ungenutzt und führt nicht zu nachhaltigen Veränderungen – weder der Verhältnisse noch des Verhaltens der Menschen innerhalb eines sozialen Zusammenhangs.

Potenziale eines mehrdimensionalen Veränderungsprozess

Der Settingansatz sollte immer als mehrdimensionaler Veränderungsprozess eines organisationalen und bzw. oder regionalen Systems (Raumes) hin zu einem gesundheitsförderlichen Setting verstanden werden. Das gilt für Settings wie Kitas, Schulen, Jugendzentren, Betriebe, Krankenhäuser genauso wie für Quartiere oder ganze Stadtteile bis hin zu Kommunen.

Nach Hartung und Rosenbrock (2022) hängt das Gelingen einer gesundheitsförderlichen Settingentwicklung von der Integration folgender Elemente ab:

- hohes Maß an Beteiligung der Menschen im Setting (Partizipation)
- kontinuierliche und professionelle Koordinierung (Vernetzung, Kooperation, Koordination)
- Entwicklung gesundheitsförderlicher Kontextbedingungen (HiAP-Strukturen)
- Stärkung von Kompetenzen, Ressourcen, Handlungs- und Entscheidungsmöglichkeiten (Ressourcenförderung und Empowerment)

Ziel des mehrdimensionalen Veränderungsprozesses ist es, einen lokalen Beitrag zur Verminderung sozial bedingter ungleich verteilter Gesundheitschancen über das Zusammenspiel verschiedener Ansätze und Sektoren hinweg zu leisten. Auch hier wird deutlich, dass die Ziele settingorientierter Gesundheitsförderung Überschneidungen mit denen der Sozialen Arbeit aufweisen und somit eine explizite Verschränkung von Gesundheitsförderung und Sozialer Arbeit darstellen. Die Ottawa Charta und die Praxis der Gesundheitsförderung bedienen sich vieler Konzepten und Methoden, die auch der Sozialen Arbeit genuin zugrunde liegen, und haben sich diese zu eigen gemacht. Soziale Arbeit und Gesundheitsförderung sind damit untrennbar miteinander verbunden. Soziale Arbeit leistet einen elementaren Beitrag zur Erreichung der Ziele der Ottawa-Charta und sollte daher nicht länger ›nur‹ implizit die Gesundheit ihrer Adressat*innen fördern, sondern vielmehr explizit auf ihre professionellen Kompetenzen verweisen und eine sichtbare wie aktive Rolle im Kontext der Gesundheitsförderung einnehmen.

3.6 Gesundheitsförderungskultur

Aus den Ausführungen zum Settingansatz wird deutlich, dass es für die Förderung gesundheitsbezogener Chancengerechtigkeit eine Form der gemeinsamen, sich gegenseitig bedingenden, gelebten und zu gestaltenden Kultur braucht. Diese soll Einrichtungen, Kommunen und den in ihnen lebenden und arbeitenden Menschen ein Leitbild geben. Unter einer Gesundheitsförderungskultur (Josupeit et al. 2023) können die impliziten Regeln des Zusammenlebens einer Gemeinschaft und ihre generationale Weitergabe verstanden werden (in Anlehnung an Klimke et al. 2020, S. 433). Sie sind die Gesamtheit der Verhaltenskonfigurationen einer sozialen Gruppe, wie bspw. Menschen eines Quartieres oder Menschen, die ein gemeinsames Schicksal teilen. Sie materialisieren sich u. a. in Symbolgehalten wie der Religion, Kunst und politischen Ansichten.

Für den Settingansatz bedeutet das, nicht mehr allein von einer Lebenswelt (Setting) als territorial begrenztem Raum auszugehen, sondern von den diversen Lebenswelten, und wie Gesundheitsförderung darin verstanden wird. Zugrunde liegen die subjektorientierten Alltagskonstruktionen von Gesundheit (▶ Kap. 1.1) und eine Kritik an der synonymen Verwendung des Lebensweltbegriffs in der Gesundheitsförderung (▶ Kap. 3.5). Es wird davon ausgegangen, dass unterschiedliche Annahmen in Bezug auf die Realität der Menschen vorliegen, welchen Einfluss z. B. die Umweltbedingungen, Lärm oder die Politik auf die Gesundheit nehmen können oder inwiefern Maßnahmen der Gesundheitsförderung als zugänglich, zielführend und hilfreich wahrgenommen werden.

Beispiele aus der Forschung

Gesundheits(förderungs)kulturen zeigen sich in verschiedenen Studien, z. B. zu chronisch erkrankten obdachlosen Jugendlichen (Flick/Röhnisch 2008) oder Gesundheitsvorstellungen von Bewohner*innen benachteiligter Quartiere und ihren Ansichten zur Wirksamkeit gesundheitsfördernder Angebote (Homfeldt/Steigleder 2003; Crossley 2003). Allen Studien ist mehr oder weniger gemeinsam, dass soziokulturell bedingte Ansichten die ›wertgeschätzten‹ Umgangsformen mit der Gesundheit im Alltag formieren. Diese Kenntnisse können Auskunft darüber geben, wie zielgruppenspezifische Maßnahmen zur Gesundheitsförderung so auszugestalten sind, dass die entsprechenden Personengruppen erreicht werden und diese auch in Anspruch nehmen.

Unter der Gesundheitsförderungskultur können demnach alle Erfahrungen verstanden werden, die die Menschen in Bezug auf Gesundheit machen und kulturell bzw. kommunikativ übermittelt werden (Josupeit/Dadaczynski/Quilling 2022). Dieser Umstand liegt darin begründet, dass Gesundheit selbst nicht unmittelbar erlebbar ist, anders als Krankheit, die wir in vielen Fällen erleben (z. B. durch körperliche Veränderungen, funktionelle Einschränkungen oder Schmerzen). Gesundheit ist bereits in unserer Kindheit eine abstrakte Größe, die durch verschiedene Symboliken verkörpert wird (siehe hierzu u.a. Vester 2009; Boltanski 1976; Schütze 1973; Flick 1998). Der Kulturbegriff wird zu einem Konstrukt, das die Menschen einerseits in die Lage versetzt, etwas auszudrücken und sich miteinander zu verständigen, und zudem Informationen bereitstellt, was unter einem spezifischen Phänomen zu verstehen ist.

3.7 Vernetzung und Kooperation

Soziale Arbeit ist in der Gesundheitsförderung auf die interdisziplinäre Zusammenarbeit mit verschiedenen Berufsgruppen angewiesen. Daraus ergibt sich eine ihrer Basiskompetenzen, nämlich intra- und interinstitutionelle Kooperationsbeziehungen aufzubauen (Vernetzung), aufrechtzuhalten und zu koordinieren (Kooperation).

Inter- und intrainstitutionelle Zusammenarbeit

Unter der *inter*institutionellen Zusammenarbeit versteht man die Kooperation von verschiedenen Institutionen, unter der *intra*institutionellen Zusammenarbeit dagegen jene verschiedener Abteilungen oder Berufsgruppen innerhalb einer Institution. Beide erweisen sich als herausfordernd für die Zusammenarbeit. Gesundheitsförderung ist auf ein Zusammenwirken der Sektoren Gesundheit, Soziales, Bildung, Arbeit, Stadtplanung u.v.m., z.B. in der Stadtverwaltung, angewiesen. Diese Sektoren agieren jedoch mitunter eher neben- als miteinander, ein gemeinsames Zusammenwirken wird bspw. durch unterschiedliche Finanzierungsgrundlagen und Organisationslogiken erschwert. Ähnlich zeigt es sich in der Kooperation von Schule und Kinder- und Jugendpsychiatrie oder dem Arbeitsamt und der Rehabilitation.

Multi- und Interdisziplinarität

Multidisziplinarität versteht sich als »Vorgehensweise, bei der Wissen zu ein und demselben Gegenstand aus verschiedenen Disziplinen gesammelt wird, ohne dass den Beschreibungen und Erklärungen einer Disziplin per se Deutungshoheit zukommt« (Leideritz 2021, S. 590). Dabei steht das multidisziplinär gewonnene Wissen eher unverbunden nebeneinander – z. B. die Erkenntnis, dass sozial benachteiligte Bevölkerungsgruppen stärker von den innenstädtischen Auswirkungen, wie Hitze, Luft- und Lärmverschmutzung oder ältere Menschen und Jugendliche stärker von Einsamkeit betroffen sind.

In einer interdisziplinären Betrachtung hingegen werden die Vorgehensweisen mit dem Ziel, einzelne disziplinäre Beiträge stärker aufeinander zu beziehen, miteinander verknüpft (Leideritz 2021, S. 590). Hierbei wird anerkannt, dass das »Wissen zwar in verschiedenen etablierten Disziplinen generiert wird, aber die Welt, die beschrieben und erklärt wird, nur eine ist« (ebd.). Bei dem o. g. Beispiel bedeutet das, die verschiedenen Wissenszugänge als Basis kommunaler Gesundheitsförderung zu nutzen, um z. B. mit der Quartierssozialarbeit, Stadtplanung, dem Amt für Umwelt und Verkehr und Gesundheitsamt eine gemeinsame Strategie zu entwickeln.

Vernetzung und Kooperation sollen dazu beitragen, Angebote der Gesundheitsförderung langfristig als festen Bestandteil eines kommunal integrierten Gesamtkonzeptes und über die Sektorengrenzen hinweg zu verankern, die Potenziale vorhandener Strukturen, Expertisen und Kompetenzen im Sozialraum zu nutzen, interdisziplinäre, kommunale Steuerungsgruppen zu etablieren und ein gemeinsames Leitbild, Gesundheitsziele und Strategien zu festigen. Kooperation und Vernetzung stellen damit die Grundlage für eine an den Bedarfen und sozialer Gerechtigkeit orientierte Gesundheitsförderung dar.

Vernetzung und Kooperation

Vernetzung dient der kommunalen Erweiterung bestehender Beziehungen eines Systems durch die Herausbildung, Aufrechterhaltung und Unterstützung einer kooperationsfördernden Struktur (van Santen/Seckinger 2003, S. 29). Sie stellt Weichen für Kooperationen, die wiederum zu verstehen sind als »Verfahren [...], bei dem im Hinblick auf geteilte oder sich überschneidende Zielsetzungen durch Abstimmung der Beteiligten eine Optimierung von Handlungsabläufen oder eine Erhöhung der Handlungsfähigkeit bzw. Problemlösekompetenz angestrebt wird« (ebd.). Vernetzung und Kooperation sind keine additiven Prozesse, die durch den Einbezug verschiedener Dienstleistungen Angebote verbessern. Sie sollen einen zusätzlichen Nutzen durch die systematische Zusammenarbeit von Diensten ermöglichen.

Vernetzung und Kooperation liegen in der Verantwortung von in der Gesundheitsförderung beteiligten Berufsgruppen, um ihre Angebote besser aufeinander und miteinander abzustimmen. Es handelt sich dabei um ein begründet koordiniertes Zusammenwirken, dass auf Dauer angelegt und durch wechselseitige Erwartungen beteiligter Akteure geprägt ist.

Das wiederum ist erforderlich, weil soziale Dienstleistungen sich einerseits zunehmend spezialisiert und ausdifferenziert haben, um besondere Problemlagen angemessen bearbeiten zu können. Andererseits erfordert der HiAP-Ansatz Gesundheitsförderung als Mehrebenenaufgabe (► Kap. 2, Kap. 3.8) zu verstehen, über die ausdifferenzierten Sektorengrenzen hinweg. Ohne systematische Vernetzung und Kooperation besteht die Gefahr, die komplexen Problemlagen der Menschen in ihrer Lebenswelt nicht hinreichend ganzheitlich zu erfassen (Homfeldt 2018, S. 1195).

In der Herstellung und Aufrechterhaltung von Vernetzung und Kooperation stehen die Akteure vor besonderen Herausforderungen (van Santen/Seckinger 2011, S. 388):

- unterschiedliche, unpräzise Zielvorstellungen
- unklare, nicht artikulierte, differierende Erwartungen
- Unkenntnis über Aufgaben, Handlungsmöglichkeiten und Handlungsabläufe der Kooperationspartner*innen
- unterschiedliche Handlungslogiken
- fehlende oder mangelhafte Rückkopplungsprozesse zwischen den Akteuren
- fehlende strukturelle Absicherung des Kooperationshandelns in den beteiligten Organisationen und Strukturen

Vor diesem Hintergrund muss Vernetzung und Kooperation in der Gesundheitsförderung verantwortlich koordiniert und zwischen den beteiligten Diensten vermittelt werden. Mit ihren professionellen Kompetenzen in der Vernetzung und Kooperation erweist sich die Soziale Arbeit damit als Schlüsselakteur zur Gestaltung integrierter kommunaler Strategien zur Gesundheitsförderung (Gahleitner/Homfeldt 2013).

Integrierte kommunale Strategien zur Gesundheitsförderung

Unter integrierten kommunalen Strategien zur Gesundheitsförderung versteht man Maßnahmen, die über die Projektebene hinausgehen und damit den Auf- und Ausbau von »Health in All Policies«-Strukturen (HiAP) über die Sektoren Soziales, Gesundheit, Bildung, Freizeit, Wirtschaft, Ökonomie, Ökologie etc. hinweg vertreten. Ziel ist es, dass die Angebote präventiv angelegt sind, sich am lokalen Bedarf der Nutzenden orientieren und lokal gut erreichbar sind (Rademaker/Quilling 2022).

»Kommunale, lebensphasenübergreifende Gesundheitsstrategien [...] sollen die Voraussetzungen für ein möglichst langes und gesundes Leben für alle Menschen der Kommune verbessern, unabhängig von der jeweiligen sozialen Lage.« (KGC 2013, S. 1) Die integrierten Strategien schaffen dabei den Rahmen, um die auf kommunaler Ebene verfügbaren Unterstützungsangebote öffentlicher und privater Träger zusammenzuführen und sie über Altersgruppen und Lebensphasen hinweg aufeinander abzustimmen. Verfügbare Mittel sollen wirkungsvoller eingesetzt und wichtige Voraussetzungen für gesunde Lebensbedingungen unabhängig von der sozialen Lage geschaffen werden (Rademaker/Quilling 2022).

Der Kooperationsverbund Gesundheitliche Chancengleichheit

Seit seiner Gründung im Jahr 2003 durch die Bundeszentrale für gesundheitliche Aufklärung (BZgA) treibt der »Kooperationsverbund Gesundheitliche Chancengleichheit« (www.gesundheitliche-chancengleichheit.de) den Auf- und Ausbau integrierter kommunaler Strategien zur Gesundheitsförderung in Deutschland maßgeblich voran. Der Kooperationsverbund umfasst 75 Partnerorganisationen (Stand 2025), führt eine öffentlich zugängliche Datenbank mit »good practice«-Projekten zur soziallagenbezogenen Gesundheitsförderung und hat die dafür erforderlichen Kriterien als Handlungskonzept für Kommunen definiert (www.gesundheitliche-chancengleichheit.de/good-practice-kriterien/). Seit 2004 gibt es neben der Bundesgeschäftsstelle in Berlin Koordinierungsstellen in den Ländern und seit 2008 erstmals in allen Bundesländern der BRD. Sie sind u. a. dafür zuständig, die Kommunen bei der Etablierung integrierter Strukturen zu unterstützen, um die vielfältigen Unterstützungsangebote für Menschen in schwieriger sozialer Lage besser aufeinander abzustimmen und bedarfsgerechte Unterstützungsnetzwerke über alle Lebensphasen hinweg sicherzustellen. Eine Übersicht von Beispielkommunen, die bereits integrierte Strategien umsetzen, lässt sich auf der Homepage des Kooperationsverbundes finden (www.gesundheitliche-chancengleichheit.de/partnerprozess/materialien-zu-integrierten-kommunalen-strategien/auf-den-punkt-steckbriefe/).

Deutlich in allen Bestrebungen wird, dass Kooperationsbeziehungen zur Förderung soziallagenbezogener gesundheitlicher Chancengerechtigkeit sehr von einer strukturellen Verankerung profitieren. Sie sind auf eine lokale Umsetzung angewiesen, die integrierte kommunale Strategien zur Gesundheitsförderung fokussiert. Gesundheitsförderung erstreckt sich über alle Bereiche menschlicher Lebensführung und ist daher auch über alle Bereiche hinweg als gemeinsame Aufgabe umzusetzen. Insbesondere Institutionen und Angebote, die mit multikomplexen Problemlagen konfrontiert und damit auch überlastet sind oder an Grenzen stoßen, können von einem systematischen Zusammenwirken verschiedener Einrichtungen und Dienste in der Kommune gewinnen.

Bis heute ist Gesundheitsförderung jedoch (noch) keine Pflichtaufgabe der Kommunen und die erforderlichen Mittel werden häufig nicht zur Verfügung gestellt (Rademaker/Quilling 2022). Wenn es jedoch gelingt, Gesundheitsförderung in der kommunalen Politik beispielsweise in Koalitionsverträgen zu verankern sowie ämterübergreifend zu planen und zu implementieren, bietet die Kommune großes Potenzial, Lebenswelten gesundheitsförderlich zu gestalten und gesundes Aufwachsen zu ermöglichen (ebd.).

3.8 Kommunale Gesundheitsförderung

Kommunale Gesundheitsförderung gewinnt stetig an Bedeutung. Der Stellenwert der Umgebungsbedingungen für die Gesundheit steht in Verbindung mit der Erkenntnis, dass isolierte gesundheitsfördernde Maßnahmen in Settings keine nachhaltige Wirkung erzielen. Daher ist auch eine fundierte und ausdifferenzierteren Datenlage im Bereich Gesundheit zentral zur Umsetzung von Strategien kommunaler Gesundheitsförderung.

Kommunale Gesundheitsförderung

Unter kommunaler Gesundheitsförderung werden die systematische Planung und Herstellung gesundheitsfördernder Rahmenbedingungen für die Bewohner*innen einer Kommune mit dem Ziel der Förderung gesundheitlicher Chancengerechtigkeit verstanden (Quilling et al. 2022). Ansätze kommunaler Gesundheitsförderung bieten settingübergreifende Möglichkeiten, Rahmenbedingungen für gesundheitsförderliche Lebensbedingungen zu schaffen, die die Menschen in ihren Lebenswelten erreichen und schließlich ihre Chancen auf ein gesundheitsgerechtes Leben verbessern können (ebd.).

Eine gelingende kommunale Gesundheitsförderung erfordert eine zentrale übergreifende Planung, die einerseits stadtplanerische Aspekte umfasst und andererseits verfügbare Angebote in öffentlicher oder privater Trägerschaft zentral koordiniert sowie über die Lebensspanne der Bürger*innen hinweg aufeinander abgestimmt. Diese werden häufig über Netzwerke organisiert.

In der Ottawa-Charta wird bereits 1986 die Kommune als Ort der Gesundheitsförderung herausgestellt und im Jahr 1988 lobte die WHO infolgedessen die Umsetzung von »Healthy Cities« aus. Im darauffolgenden Jahr gründeten elf Kommunen das »Gesunde Städte«-Netzwerk der Bundesrepublik Deutschland, dem heute über 90 Städte, Kreise und Regionen mit insgesamt mehr als 25 Mio. Einwohner*innen angehören, die einen Beitrag zur Verminderung gesundheitlicher Ungleichheit leisten möchten. Das Healthy Cities Network besteht mittlerweile aus über 1.400 Kommunen in mehr als 20 Ländern und erreicht damit über 165 Mio. Menschen (Quilling et al. 2023, siehe auch www.gesunde-staedte-netzwerk.de).

Die Bedeutung der kommunalen Gesundheitsförderung zeigt sich auf nationaler Ebene beispielsweise im Präventionsgesetz (PrävG, 2015). Dieses verweist auf die Kommune als Ort der Gesundheitsförderung und setzt auf die Stärkung kommunaler Maßnahmen.

Ein integrierter kommunaler Ansatz zur Gestaltung gesundheitsförderlicher Rahmenbedingungen erscheint nicht nur aus der Perspektive der Krankenkassen, sondern auch aus einer sozial-ökologischen Perspektive auf Gesundheit richtungsweisend. Die Kommunen können die verschiedenen sozialen Determinanten von Gesundheit auf den unterschiedlichen Ebenen adressieren. Dies erfordert eine zentrale Koordination der kommunalen Gesundheitsförderung sowie entsprechende Schlüsselfunktionen und Kompetenzen der Fachkräfte, um intersektorale Kooperationen zu ermöglichen.

Der Öffentliche Gesundheitsdienst (ÖGD)

Der ÖGD hat den Auftrag, für den Erhalt und die Verbesserung der Bevölkerungsgesundheit Sorge zu leisten. Dieser Auftrag wird als Gesundheitsschutz und Gesundheitsförderung umschrieben und umfasst neben Aufgaben wie z.B. Infektionsschutz, Umweltmedizin, Schuleingangsuntersuchungen, Impfangebote, Gesundheitsberichterstattung (GBE) etc. auch Aufgaben der kommunalen Netzwerkarbeit (Reisig/Kuhn 2024).

In Deutschland stellt der ÖGD eine wesentliche Rolle des öffentlichen Gesundheitswesens dar und ist auf Bundes-, Landes- und kommunaler Ebene vertreten. Bundesbehörden, wie z.B. das 2025 neu eingerichtete Bundesinstitut für Öffentliche Gesundheit (BIÖG)[2] und das Robert Koch-Institut (RKI), repräsentieren den ÖGD auf der Bundesebene. Auf der Landesebene vertreten die Landesgesundheitsministerien sowie Landesämter (oder Landesinstitute) für Gesundheit den ÖGD. Auf kommunaler Ebene erfolgt dies durch die Gesundheitsämter (knapp 400 in Deutschland) (ebd.).

Aufgrund der vielfältigen Anforderungen kann jedoch der ÖGD nicht allein die Aufgabe der Gesundheitsförderung übernehmen. Nur im Zusammenspiel mit den anderen relevanten Akteuren wie der Jugendhilfe, dem Bildungsbereich oder der Stadtentwicklungsplanung kann der ÖGD z.B. den Prozess der kommunalen Gesundheitsförderung initiieren und/oder moderieren (ebd.).

2 Seit Februar 2025 hat die bisherige Bundeszentrale für gesundheitliche Aufklärung (BZgA) einen neuen Namen: Bundesinstitut für Öffentliche Gesundheit (BIÖG). Mit dieser Neuausrichtung wird die öffentliche Gesundheit in Deutschland gestärkt und der Public-Health-Ansatz noch besser an internationale Standards in der Gesundheitsförderung und Prävention angepasst.

Kompetenzen von Koordinator*innen kommunaler Gesundheitsförderung

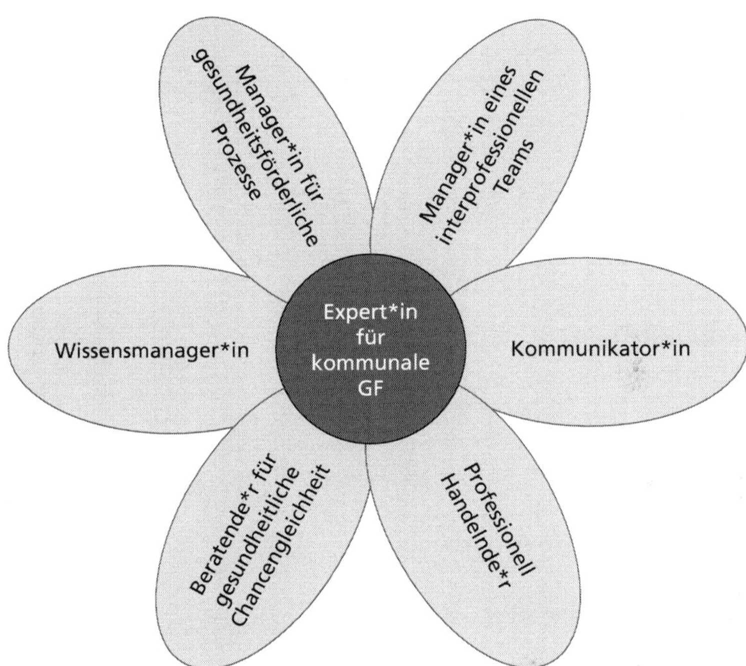

Abb. 7: Rollen- und Kompetenzmodell von Koordinator*innen kommunaler Gesundheitsförderung (vertiefend siehe Quilling et al. 2021)

Zu den Kompetenzen von Fachkräften (z.B. Sozialer Arbeit, Public Health) in der Steuerung gehören die fachliche Expertise im Bereich kommunaler Gesundheitsförderung, Managementkompetenzen eines interprofessionellen bzw. intersektoralen Teams, Teamfähigkeit, Kooperationsfähigkeit und Kommunikations-, Konfliktbewältigungs- sowie Moderationskompetenzen (Quilling et al. 2021). Zudem sollte die für die zentrale Koordination verantwortliche Person in der Rolle als Wissensmanager*in Vermittlungs-, Evaluations,– und Kapazitätsentwicklungskompetenz aufweisen. Und nicht zuletzt sollte sie als Manager*in für gesundheitsförderliche Prozesse über Führungskompetenzen, Durchhaltevermögen und Engagement verfügen. Die Darstellung fasst das Rollen- und Kompetenzmodell zusammen und kann bei der persönlichen Verortung der eigenen Rolle in dem Prozess unterstützen (▸ Abb. 7).

Modelle und Ansätze zur Umsetzung kommunaler Gesundheitsförderung

Es gibt zahlreiche Modelle und Ansätze zur Planung und Umsetzung kommunaler Gesundheitsförderung. Für einen Überblick werden im Folgenden einige zentrale Modelle und Ansätze erläutert.

Public Health Action Cycle (PHAC)

Der Public Health Action Cycle (PHAC) ist ein allgemeines Planungsmodell, das sich in die vier Phasen Analyse, Planung, Implementierung und Evaluation gliedert. Er dient einer systematischen Vorgehensweise von der Problemdefinition bis zur Evaluation gesundheitsfördernder Maßnahmen (Hartung/Rosenbrock 2022).

Health in All Policies (HiAP)

Die Gestaltung gesundheitsförderlicher Kommunen als gesamtgesellschaftliche Aufgabe kann nicht allein vom Gesundheitssektor bewältigt werden. Dementsprechend sind alle Politikbereiche in Entscheidungen einzubeziehen, die sich auf die Gesundheit der Bevölkerung auswirken. Im Sinne des HiAP-Ansatzes ist das Zusammenwirken verschiedener Professionen, Disziplinen und Sektoren in Kommunen und auf Gemeinde- bzw. Quartiersebene entscheidend. Gesundheit ist in allen Planungsprozessen und als Querschnittsaufgabe in Bereichen wie Bildung, Jugendhilfe, Umwelt, Stadtentwicklung etc. zu verankern (Köckler/Geene 2022).

Capacity Building (Kapazitätsentwicklung)

Das Capacity Building zählt zu den zentralen Strategien der kommunalen Gesundheitsförderung (Quilling et al. 2022). Eine effektive Gesundheitsförderung erfordert die Entwicklung von Wissen, Fähigkeiten, Engagement, Strukturen, Systemen und Führung, so Nickel und Trojan (2024). Der Wissens- und Kompetenzaufbau in diesem Zusammenhang kann z.B. mittels Beteiligung, Schulung, Ausstattung und Unterstützung Ehrenamtlicher gelingen (Quilling et al. 2021).

Handlungsmodell kommunaler Gesundheitsförderung

Das Handlungsmodell kommunaler Gesundheitsförderung als Phasenmodell wurde in Anlehnung an den PHAC und verschiedene andere Modelle, wie z.B. »Communities That Care« (Shapiro/Oesterle/Hawkins 2015) und das »Framework for healthy living environments development« (Quilling et al. 2020), entwickelt. Das Modell baut darauf auf, dass kommunale Gesundheitsförderung in vernetzten Strukturen erfolgt. Die dazu anfallenden Aufgaben werden in vier Phasen zyklisch dargestellt: (1) Netzwerkplanung bzw. -modifikation, (2) Erstellung bzw. Anpassung eines kommunalen Profils, (3) Entwicklung einer kommunalen Gesundheitsförderungsstrategie und (4) Implementierung und Bewertung der entwickelten Strategie. Anschließend kann der Zyklus mit einer Netzwerkmodifikation von vorne beginnen.

Insgesamt weist die kommunale Gesundheitsförderung in Deutschland eine große Diversität bei den Umsetzungsstrategien auf. Die Komplexität und Vielfalt der Lebenswelt Kommune ist durch heterogene Trägerlandschaften, vielfältige Aufgabenbereiche sowie sehr unterschiedliche finanzielle Mittel und mannigfaltige regionale Gegebenheiten geprägt. Dementsprechend kann es nicht die eine ›kommunale Gesundheitsförderung‹ und auch nicht die eine ›Strategie‹ geben. Für jede Kommune müssen individuelle Lösungen gefunden werden. Dabei können jedoch die vorgestellten Modelle und Ansätze einen systematischen Rahmen für die Planung und Umsetzung bieten, eine integrierte kommunale Gesamtstrategie zu entwickeln, um lebenswelt- und sektorübergreifend zusammenzuarbeiten.

Auf den Punkt gebracht

Das Kapitel beleuchtete die Verknüpfung der Gesundheitsförderung mit den theoretisch-konzeptionellen Grundlagen und Methoden der Sozialen Arbeit. Es wurde verdeutlicht, wie Gesundheitsförderung aus einer interdisziplinären Perspektive betrachtet werden muss, wobei gesundheitswissenschaftliche Grundlagen ebenso eine Rolle spielen wie sozial(arbeits)wissenschaftliche Ansätze. Zentral sind die Lebenswelt- und Sozialraumorientierung, die eine subjektorientierte, alltagsnahe Gesundheitsförderung ermöglichen. Weitere wichtige Konzepte sind Partizipation und Empowerment, die Menschen befähigen, ihre Gesundheit aktiv mitzugestalten. Professionelles Handeln in der Gesundheitsförderung erfordert dabei die Kompetenz, komplexe soziale Problemlagen zu erkennen und methodisch zu bearbeiten, was durch interdisziplinäre Kooperation und Vernetzung unterstützt wird. Hierzu bieten integrierte kommunale Strategien konkrete Umsetzungsmöglichkeiten.

Reflexionsfragen

- Welche Rolle spielen die theoretisch-konzeptionellen Grundlagen der Sozialen Arbeit für die Gesundheitsförderung?
- Wie kann Lebensweltorientierung dazu beitragen, Gesundheitsförderung praxisnah und alltagsorientiert zu gestalten?
- Wie können Partizipation und Empowerment in der Gesundheitsförderung innerhalb der Sozialen Arbeit umgesetzt werden?
- Welche spezifischen Herausforderungen ergeben sich für die Soziale Arbeit bei der interdisziplinären Zusammenarbeit im Bereich der Gesundheitsförderung?
- Welche Rolle spielt die Soziale Arbeit in der kommunalen Gesundheitsförderung?

Weiterführende Literatur

Lenz, Albert (Hrsg.) (2011): Empowerment. Handbuch für die ressourcenorientierte Praxis. Tübingen: dgtv-Verlag.
Löw, Martina (2023): Raumsoziologie. Berlin: Suhrkamp.
Rosenbrock, Rolf/Hartung, Susanne (2012): Handbuch Partizipation und Gesundheit. Bern: Hans Huber.

Relevante Schwerpunkthefte in der Zeitschrift für Klinische Sozialarbeit

Hinweis: Ausgaben der Klinische Sozialarbeit – Zeitschrift für psychosoziale Praxis und Forschung stehen ein Jahr nach der Veröffentlichung dauerhaft kostenfrei über den ZKS Verlag zur Verfügung.

Sozialraumorientierung. Ausgabe 1/2021. Klinische Sozialarbeit – Zeitschrift für psychosoziale Praxis und Forschung.
Resilienzförderung in der Klinischen Sozialarbeit. Ausgabe 4/2020. Klinische Sozialarbeit – Zeitschrift für psychosoziale Praxis und Forschung.
Handlungsfähigkeit und Agency. Ausgabe 4/2017. Klinische Sozialarbeit – Zeitschrift für psychosoziale Praxis und Forschung.

Internetseiten

Deutscher Berufsverband für Soziale Arbeit e. V. (DBSH). (2024). Funktionsbereich Gesundheit. [online] Link: https://www.dbsh.de/sozialpolitik/unsere-funktionsbereiche/gesundheit.html [letzter Zugriff am 18.08.2024].
GKV-Spitzenverband. (2024). GKV-Bündnis für Gesundheit. [online] Link: https://www.gkv-buendnis.de/homepage.html [letzter Zugriff am 18.08.2024].
socialnet (2024). Sozialraum.de. Methodenkoffer. [online] Link: https://www.sozialraum.de/methodenkoffer/ [letzter Zugriff am 18.08.2024].

4 Gesundheitsförderung in den Handlungsfeldern Sozialer Arbeit

☞ **Überblick**

In diesem Kapitel wird zunächst eine Systematisierung Sozialer Arbeit in gesundheitsorientierten Handlungsfeldern vorgenommen. Dabei wird differenziert nach (1) gesundheitsbezogener Sozialer Arbeit im Sozialwesen, (2) Sozialer Arbeit im Gesundheitswesen und (3) Klinischer Sozialer Arbeit. Die drei Handlungsbereiche unterscheiden sich ausgehend ihrer zugrunde liegenden disziplinären Perspektive, die sich entweder stärker an dem Diskurs (Theorien und Konzepten) Sozialer Arbeit orientiert oder näher an den der Gesundheitswissenschaft, Medizin und Psychologie angelehnt ist.

Anschließend werden Konzepte und Methoden Sozialer Arbeit in gesundheitsorientierten Handlungsfeldern anhand der drei Handlungsformen der Einzelfallarbeit, Gruppen- und Gemeinwesenarbeit bzw. Sozialraumorientierung konturiert, um sodann die Praxis lebensweltorientierter Gesundheitsförderung nach dem Public Health Action Cycle (PHAC) vorzustellen. Diese Praxis wird anhand exemplarischer Konzepte und Methoden in ausgewählten Handlungsfeldern der Kinder- und Jugendhilfe (► Kap. 5), Sozialen Arbeit mit Erwachsenen (► Kap. 6) und der aufsuchenden Sozialen Arbeit im Quartier erläutert (► Kap. 7). Ein Querschnittsthema bildet der Öffentliche Gesundheitsdienst, ebenfalls als multiprofessionelles Handlungsfeld Sozialer Arbeit, aber im Kern betraut mit der Bereitstellung kommunaler Vorsorge- und Versorgungsstrukturen.

Von der interprofessionellen Kooperation und Vernetzung, über beteiligungsorientierte Verfahren in der Jugendhilfe, Kommunikations- und Beratungskompetenz in psychosozialer Praxis, sozialdiagnostische und sozialrechtliche Kompetenz, bis hin zur Gesundheitsförderung in den Care-Berufen – also auch einer reflexiven Kompetenz, die eigene Gesundheit in den Blick zu nehmen – wird die Diversität von Konzepten und Methoden der Sozialen Arbeit anschaulich und an ausgewählten Beispielen verdeutlicht.

Gesundheitsförderung spielt in allen Handlungsfeldern Sozialer Arbeit eine wesentliche Rolle –Gesundheitsförderung und Soziale Arbeit sind genau genommen nicht voneinander zu trennen. Dennoch wird die Förderung von Gesundheit unterschiedlich stark (wenn überhaupt) in Konzepten und Methoden der Handlungsfelder Sozialer Arbeit verankert. Um Ansätze von Gesundheitsförderung in den Handlungsfeldern besser einordnen und auch selbst initialisieren zu können, ist zunächst eine grundlegende Konturierung der Sozialen Arbeit in gesundheitsorientierten Handlungsfeldern erforderlich.

4.1 Handlungsbereiche Sozialer Arbeit in gesundheitsorientierten Handlungsfeldern

Zunächst lassen sich zwei Handlungsbereiche mit je spezifischen Ausprägungen nach den theoretisch-konzeptionellen Grundlagen der Basiskonzepte unterscheiden. Diese orientieren sich entweder stärker an Konzepten und Methoden des Sozialwesens oder an Methoden des Gesundheitswesens (Gahleitner/Homfeldt 2013; Homfeldt 2010a, 2010b): (1) Die gesundheitsbezogene Soziale Arbeit im Sozialwesen und (2) Soziale Arbeit im Gesundheitswesen. Erstere versteht sich ihrem Ursprung nach stärker ressourcen- und lebensweltorientiert, Letztere eher krankheits- bzw. risikofaktorenorientiert ausgerichtet. Zudem lässt sich die (3) Klinische Soziale Arbeit als weiterer Handlungsbereich unterscheiden, der sich nicht auf die Institution ›Klinik‹ bezieht, sondern als eine psychosoziale Praxis im Querschnitt der skizzierten Handlungsbereiche den Anspruch einer Fachsozialarbeit für sich erhebt (▶ Abb. 8). Hierbei sind die beiden Letztgenannten stärker am bio-psycho-sozialen Modell, Ersterer stärker an einem subjektorientierten und salutogenen Verständnis von Gesundheit orientiert (Rademaker 2023, 2024).

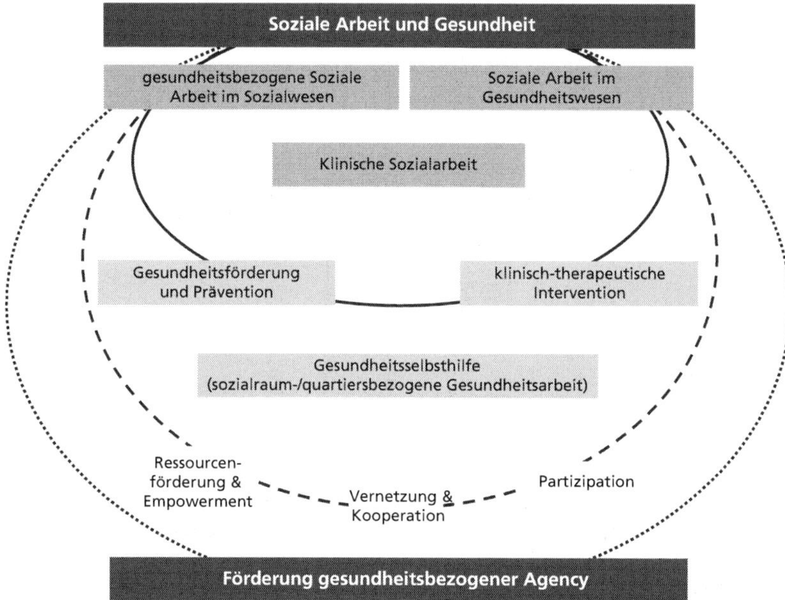

Abb. 8: Systematisierung der Handlungsbereiche, -felder und Basiskonzepte Sozialer Arbeit im Kontext Gesundheit, eigene Darstellung (Rademaker 2023)

Gesundheitsbezogene Soziale Arbeit im Sozialwesen – Gesundheitsbezogene Soziale Arbeit im Sozialwesen fokussiert insbesondere Gesundheitsförderung und Prävention als Praxis Sozialer Arbeit (Rademaker 2017a, 2018, 2023a, 2024) sowie die Förderung von Gesundheitsselbsthilfe durch sozialraum- und quartiersbezogene Gesundheitsarbeit. Sie zeichnet sich durch eine subjekt- und lebensweltorientierte Herangehensweise aus (Homfeldt/Rademaker 2025). Unter dieser Perspektive versucht sie, die

Möglichkeiten in der Lebenswelt ihrer Adressierten dahingehend zu erweitern, dass diese ihre Gesundheit im Alltag herstellen und aufrechterhalten können, also gesundheitsbezogene Befähigungsgerechtigkeit zu stärken. Dafür geht sie über die Stärkung von Ressourcen hinaus und richtet ihren Blick kritisch auf die strukturellen Barrieren, Gesundheit im Alltag entfalten zu können. Sie ist demnach insbesondere an den Capability Approach anschlussfähig. Gesundheitsförderung ist primär im Handlungsbereich gesundheitsbezogener Sozialer Arbeit im Sozialwesen zu verorten, z.B. der Kinder- und Jugendhilfe, Berufs-, Jugend- und Schulsozialarbeit oder der Sozialen Arbeit im Quartier oder Suchthilfe.

Soziale Arbeit im Gesundheitswesen – Die Soziale Arbeit im Gesundheitswesen trägt zur Krankheitsbewältigung bei und ist oft auch am pathogenen Gesundheitsmodell ausgerichtet (Homfeldt/Rademaker 2025, 2026). Sie arbeitet mit einer verstärkten Ausrichtung auf Prävention, Krankheitsvermeidung und -behandlung. Ihre Aufgaben bestehen in der Vermeidung oder Abmilderung von Risiken einer sozialen, finanziellen oder beruflichen Benachteiligung von Patient*innen und umschließt Tätigkeiten Sozialer Arbeit im Krankenhaus, dem Öffentlichen Gesundheitsdienst, der Frühförderung und Sozialpädiatrie, der Rehabilitation, Suchtprävention, Hospizarbeit und der allgemeinen integrativen Versorgung (Homfeldt/Rademaker 2026). Vielfach greift sie auf Konzepte und Methoden von Case und Care Management, psychosozialer Beratung und Beratung zu Sozialleistungen, Begleitung von Übergängen und der Netzwerkarbeit zurück. Inzwischen ist sie damit, neben der Kinder- und Jugendhilfe, zur zweitgrößten Arbeitgeberin für Sozialarbeiter*innen expandiert. Für die Gesundheitsförderung stellt nicht nur der Öffentliche Gesundheitsdienst ein wichtiges Handlungsfeld Sozialer Arbeit dar. Auch in der Sozialen Arbeit im Gesundheitswesen finden gesundheitsfördernde Maßnahmen, bspw. in der Gesundheitsberatung oder Selbsthilfe, statt. In diesen Handlungsfeldern rücken nur häufig die gesundheitsfördernden gegenüber den rehabilitativen und kurativen Maßnahmen in den Hintergrund.

Klinische Soziale Arbeit – Klinische Soziale Arbeit versteht sich als eine beratende, (psycho)sozial, z.T. auch therapierende, vermittelnde, unterstützende, Ressourcen erschließende (Teil-)Disziplin Sozialer Arbeit (Kröger et al. 2023). Sie gibt konstitutive Veränderungsimpulse für Einzelne und Gruppen im Kontext ihrer Umwelt- und Lebensbedingungen und arbeitet mit schwer erreichbarer Klientel in Multiproblemsituationen. Klinische Soziale Arbeit orientiert sich am bio-psycho-sozialen Modell von Gesundheit, Krankheit und Behinderung sowie dem Person-in-Environment-Konzept (ebd.). Einen Fokus setzt sie auf

1. eine differenzierte (bio-psycho-)Soziale Diagnostik, Beratung und Behandlung im Kontext der Lebenswelt sowie
2. auf eine sozialklinisch orientierte Beeinflussung der Mikro-, Meso- und Makrosysteme ihrer Klient*innen, u.a. durch sozial-therapeutische Intervention.

Ihre Aufgabe gründet sich in der Vorbeugung und Entgegenwirkung sozialer Dysfunktionen sowie der Aufdeckung individueller Ressourcen, um gesundheitlichen Einschränkungen und Belastungen auf der Alltags-, Beziehungs- und Systemebene zu begegnen. Auch hier lassen sich Ansätze für Gesundheitsförderung in der Sozialen Arbeit finden, z.B. in der psychosozialen Begleitung und Beratung von ›hard-to-reach‹-Adressierten, Förderung marginalisierter Gruppen im Streetwork und der Traumaarbeit.

4.2 Konzepte und Methoden Sozialer Arbeit in gesundheitsorientierten Handlungsfeldern

Trotz unterschiedlicher Perspektiven in den Handlungsbereichen sind Konzepte und Methoden der einzelnen Handlungsfelder z.T. kaum strikt voneinander zu trennen. Bspw. können das salutogene Modell von Gesundheit sowie das Modell sozialer Unterstützung gleichermaßen präsent in der kommunalen Gesundheitsförderung wie der psychosozialen onkologischen Beratung sein. Insgesamt zeichnen sich als grundlegende

Basiskonzepte der Sozialen Arbeit im Kontext Gesundheit (1) Ressourcenförderung und Empowerment, (2) Partizipation und (3) Vernetzung und Kooperation ab (► Tab. 3). Sie verfolgen das Ziel, Fähigkeiten und Möglichkeiten, Gesundheit im Alltag herzustellen bzw. aufrechtzuhalten und damit gesundheitsbezogene Agency (Handlungsmacht) zu fördern (Rademaker 2018, S. 22 f., 2023a).

Tab. 3: Aufgaben und Funktionen Sozialer Arbeit in gesundheitsorientierten Handlungsfeldern, systematisiert nach Handlungsformen und Basiskonzepten, eigene Darstellung (in Anlehnung an Rademaker 2023).

Einzelfallarbeit	Gruppenarbeit	Gemeinwesenarbeit
Professionelle Kompetenz und Souveränität der geSA		
Wissen – Können – Haltung		
Ressourcenförderung und Empowerment		
Partizipation		

Die Konzepte und Methoden gesundheitsbezogener Sozialer Arbeit sind je nach Handlungsform – Einzelfall-, Gruppen- oder Gemeinwesenarbeit bzw. Sozialraumorientierung –, Adressierten und Handlungsfeld unterschiedlich akzentuiert. Während in der Kinder- und Jugendhilfe und Jugendarbeit das Thema der Gesundheitsförderung und Prävention seit dem 13. Kinder- und Jugendbericht zwar in den Fokus gerückt ist, sich aber in der Praxis noch immer im Auf- und Ausbau befindet, lassen sich für das Setting Schule bereits eine Vielzahl von Ansätzen finden (Liel/Rademaker 2020). Ähnlich verhält es sich bei der Gesundheitsförderung in der Arbeitswelt, die mittlerweile in den meisten beruflichen Settings institutionell verankert ist (Betriebliches Gesundheitsmanagement). In Handlungsfeldern des Gesundheitswesens wird die Förderung von Gesundheit, z. B. von Menschen mit psychischen oder physischen Erkrankungen, mitunter eher der Rehabilitation und Kuration (Heilung) nachgeordnet. Allen Handlungsfeldern Sozialer Arbeit gemein sind aber zentrale Querschnittthemen. Den sozialen Determinanten von Gesundheit folgend umfasst Gesundheitsförderung insbesondere die Förderung von gerechten Verteilungschancen auf Bildung, Arbeit, gesellschaftliche Teilhabe, sozialen Zusammenhalt, Bekämpfung von Diskriminierung, Stigmatisierung und Rassismus sowie die Förderung von Klimaschutz und Nachhaltigkeit.

Insgesamt ist Gesundheitsförderung als fachlicher Standard in der Sozialen Arbeit aufzugreifen und zu konkretisieren, da der lebensweltliche Ausgangspunkt von Gesundheit eine derart triviale Selbstverständlichkeit zu sein scheint, dass er schnell übersehen wird. Zudem neigen viele Maßnahmen zu expertokratischen Ansätzen zur Gesundheitsförderung, denen die Praxis Sozialer Arbeit ein subjekt- und alltagsweltliches Verständnis gegenüberstellen kann, um auch häufig kaum erreichbare Adressierte (hard-to-reach) für die Gesundheitsförderung zu gewinnen.

4.3 Lebensweltorientierte Gesundheitsförderung nach dem Public Health Action Cycle

Lebensweltorientierte Gesundheitsförderung basiert auf Theorien, Konzepten und Methoden der Handlungsfelder Sozialer Arbeit, die um eine Public-Health-Perspektive bereichert wurden. Hierzu ist ein klares Verständnis von Rahmenbedingungen und Aufgaben für Sozialarbeitende, um ein explizit gesundheitsbezogenes Profil in ihrer Praxis zu entwickeln, erforderlich, wie es basierend auf dem »Public Health Action Circle« dargestellt wird (NAS/IOM 1988) (► Abb. 9).

Lebensweltorientierte Gesundheitsförderung stellt eine komplexe Aufgabe, die auf der Partizipation und dem Empowerment aller beteiligten Akteure und ihrer Kooperation basieren sollte. Hierbei sind verhältnisorientierte Maßnahmen hervorzuheben, die sich an einer relationalen Lebenswelt- und Sozialraumperspektive ausrichten. Es geht darum, die tatsächlichen Herausforderungen des Alltags anzuerkennen, die Potenziale von Adressierten zu stärken und so ihre Defizite zu überwinden

Abb. 9: Das Konzept Lebensweltorientierter Gesundheitsförderung basierend auf dem »Public Health Action Circle« und lebensweltorientierter Sozialer Arbeit (NAS/IOM 1988; in Anlehnung an Grunwald/Thiersch 2009, S. 140 ff.; Rademaker 2020a, S. 194)

sowie Optionen in der Lebenswelt freizusetzen (Gesundheitsbezogene Agency). Die Soziale Arbeit ist damit ein zentraler Akteur in der Gesundheitsförderung:

- Die diversen Lebens- und Alltagswelten der Menschen sind als Ausgangspunkt für die Förderung ihrer Gesundheit anzuerkennen. Sie schaffen Möglichkeiten und Anknüpfungspunkte, zeigen aber auch Grenzen und Barrieren für eine an Adressat*innen orientierte Gesundheitsförderung auf.
- Gesundheitsressourcen sowie -risiken sind ausgehend von der Lebens- und Alltagswelt der Menschen zu identifizieren und als zentrale Bezugspunkte für die Gesundheitsförderung hervorzuheben.
- Gesundheitsförderung wird damit zu einer einerseits zielgerichteten Praxis, bei dennoch prinzipieller Unbegrenzt- bzw. Offenheit in konkreten Angeboten. Diese Offenheit und Prozessorientierung kann dazu beitragen, das Ziel, bestehende und die Gesundheit der Menschen be-

grenzende Lebenswelten sukzessive, emanzipatorisch und politisch-gesellschaftsbezogen zu dekonstruieren, zu erreichen. Diese Praxis muss partizipativ mit allen Beteiligten sowie auf den lokalen Sozialraum bezogen vorgehen, um gesundheitsförderliche Lebenswelten zu reorganisieren.
- Gesundheitsförderung darf nicht als endlich verstanden werden. Für eine qualitativ hochwertige andauernde Weiterentwicklung ist sie auf angemessene Konzepte und Methoden der Evaluation angewiesen. Diese können zur Verstetigung beitragen.

Im Folgenden wird dies an exemplarischen Handlungsfeldern konturiert.

5 Gesundheitsfördernde Soziale Arbeit in der Kinder- und Jugendhilfe

Gesundheitsförderung und Prävention sind keine neuen Themen in der Kinder- und Jugendhilfe. Spätestens seit dem 2009 veröffentlichten 13. Kinder- und Jugendbericht sind Entwicklungen in diese fachliche Ausrichtung deutlich zu vernehmen (Liel/Rademaker 2020). Angefangen von dem 2007 gegründeten Nationalen Zentrum Frühe Hilfen (NZFH), über die Strategie zur Förderung der Kindergesundheit, Aktualisierung des nationalen Gesundheitsziels »Gesund Aufwachsen«, das Bundeskinderschutzgesetz (BKiSchG, 2012) und die parallel verlaufenden modellhaften Präventionsprogramme wie »Kein Kind zurücklassen« nimmt Gesundheitsförderung zunehmend Gestalt in der Kinder- und Jugendhilfe an. Hinzukommend wurde 2015 das Präventionsgesetz verabschiedet, über das Leistungen zur Gesundheitsförderung und Prävention in den Lebenswelten beantragt und über die Krankenkassen finanziert werden können (PrävG, §20a). Die Kinder- und Jugendhilfe wird darin als Akteurin benannt. 2019 wurde zudem in einer interdisziplinären Arbeitsgruppe im BMG der »Wegeweiser zum gemeinsamen Verständnis von Gesundheitsförderung und Prävention bei Kindern und Jugendlichen in Deutschland« (BMG 2019a; Rademaker 2021b) auf den Weg gebracht. Er versteht sich als Konsenspapier, Gesundheitsförderung von Kindern und Jugendlichen systematisch und sektorenübergreifend kommunal zu etablieren. Seit 2020 nahm die Arbeitsgemeinschaft Kinder- und Jugendhilfe (AGJ) die Thematik auf ihrem Fachkräfteportal im Zuge der Pandemie stärker in den Blick (www.jugendhilfeportal.de) und 2023 schloss sich zudem eine Initiative der AGJ für eine »Jugendgerechte Gesundheitspolitik« an (siehe u.a. Liesner et al. 2023). Allen Maßnahmen ist gemein, Gesundheitsförderung lebensweltlich zu verankern und als Sektorengrenzen überwindende Gemeinschaftsaufgabe zu betrachten.

Strategien von Gesundheitsförderung haben sich regelmäßig an die Gegebenheiten, in denen Kinder und Jugendliche aufwachsen, anzupassen. Mit Blick auf die Berichtslage zur sozial bedingten gesundheitlichen Ungleichheit Heranwachsender steht die Kinder- und Jugendhilfe nicht erst seit der Pandemie vor der Herausforderung, die Förderung der Gesundheit ihrer Adressat*innen als Aufgabe im Rahmen lebensweltbezogener Konzepte und Maßnahmen zu etablieren (Rademaker 2020a, 2022). Ziel ist es, gesundheitliche Chancengerechtigkeit durch niedrigschwellige Hilfen im Sozialraum für alle jungen Menschen zu schaffen. Hierbei sollen insbesondere die Sozialisationsorte, an denen sich Kinder und Jugendliche im Alltag aufhalten, adressiert werden, wie z. B. Kita, Schule, Jugendarbeit, Quartiersarbeit, stationäre Einrichtungen oder Freizeiteinrichtungen. Dies kann durch eine nachhaltige Weiterentwicklung gesundheitsförderlicher Verhältnisse im Rahmen integrierter kommunaler Strategien gelingen. Jedoch spätestens seit der Coronapandemie fallen der Kinder- und Jugendhilfe strukturelle Versäumnisse zur Etablierung Sektorengrenzen übergreifender Komplexleistungen zwischen dem Sozial- und Gesundheitswesen sprichwörtlich auf die Füße. Insbesondere bezüglich der skizzierten lebensweltlichen Ausrichtung von Gesundheitsförderung, dem zentralen Wert der Förderung von Bildung und Teilhabe, Bekämpfung von Kinder- und Jugendarmut sowie einer Orientierung an den Sozialisationsorten Heranwachsender ist noch viel zu tun. In der Förderung von Gesundheit, im Sinne einer gesundheitsbezogenen Chancengerechtigkeit, ist die Orientierung an der Lebenswelt und Stärkung von Kindern und Jugendlichen in Armuts- und prekären Lebenslagen noch immer prioritär. Wie Gesundheitsförderung zum fachlichen Standard in der Kinder- und Jugendhilfe werden kann, wird an einigen Beispielen verdeutlicht.

5.1 Frühe Hilfen und präventiver Kinderschutz

Die Frühen Hilfen sind im Kontext des Kinderschutzes in den 2000er Jahren installiert und seither weiterentwickelt worden. Mit der Einrichtung des Nationalen Zentrums Frühe Hilfen (NZFH) im Jahr 2007 hat das Bundesministerium für Familie, Senioren, Frauen und Jugend (BMFSFJ) einen entscheidenden Grundstein mit dem Ziel gelegt, den präventiven Kinderschutz zu stärken und die Fachpraxis beim Auf- und Ausbau der Frühen Hilfen zu unterstützen.

Weitere Meilensteine waren das Inkrafttreten des Bundeskinderschutzgesetzes am 01.01.2012, mit dem Frühe Hilfen erstmalig gesetzlich verankert wurden und die Bundesinitiative Frühe Hilfen ihre Arbeit aufnahm. Seit Januar 2018 übernimmt die Bundesstiftung Frühe Hilfen die gesetzlich festgelegten Aufgaben des Bundes zur Sicherstellung der Netzwerke Frühe Hilfen und der psychosozialen Unterstützung von Familien. Sie führt die durch die Bundesinitiative angestoßene und erfolgreiche Arbeit fort (siehe www.fruehehilfen.de).

Frühe Hilfen

Frühe Hilfen sind Angebote für Familien mit Kindern ab der Schwangerschaft bis zum Alter von drei Jahren. Sie sind niedrigschwellig und richten sich besonders an Familien in belasteten Lebenslagen.

Frühe Hilfen dienen der Stärkung der elterlichen Beziehungs- und Versorgungskompetenz. Sie bieten Unterstützung, Beratung und Begleitung. Ziel ist es, jedem Kind eine gesunde Entwicklung und ein gewaltfreies Aufwachsen zu ermöglichen.

Angebote der Frühen Hilfen kommen aus verschiedenen Systemen, insbesondere aus dem Bereich der Kinder- und Jugendhilfe, dem Gesundheitswesen, der Frühförderung und der Schwangerschaftsberatung. Fachkräfte dieser Bereiche arbeiten eng zusammen, um Eltern bei der Betreuung und Förderung ihrer Kinder zu unterstützen. Sie werden in lokalen Netzwerken koordiniert (www.fruehehilfen.de).

Bei den Frühen Hilfen handelt es sich demnach um ein durch Multiprofessionalität gekennzeichnetes Handlungsfeld. (Sozial-)Pädagogische, sozialarbeiterische, kindheitspädagogische, psychologische und gesundheitsorientierte Professionen arbeiten zusammen, um Familien zu unterstützen und Aufwachsens- und Entwicklungsbedingungen von Kindern zu fördern (Hopf/Gramelt 2023, S. 27). Die Fachthemen fokussieren insbesondere Familien in Armutslagen, Frühe Hilfen im ländlichen Raum, Kinder psychisch erkrankter Eltern, Migration und Frühe Hilfen sowie die Partizipation von Familien.

Aus gesundheitsfördernder Perspektive geht es insbesondere um die Stärkung von Ressourcen der Familien, Förderung einer umfassenden Hilfeinfrastruktur sowie Vernetzung und stabile Kooperation der multiprofessionellen Fachkräfte.

Familien mit einem psychischen oder suchterkrankten Elternteil

Familien mit einem psychischen oder suchterkrankten Elternteil stellen eine wichtige Zielgruppe für Gesundheitsförderung in der Kinder- und Jugendhilfe dar. Es ist davon auszugehen, dass von fünf Kindern jeweils ein Kind mit einem erkrankten Elternteil zusammenlebt (Lenz 2022). Kinder, Jugendliche und junge Erwachsene aus Familien mit einem psychisch und/oder suchterkrankten Elternteil weisen häufiger Gesundheitsprobleme als Gleichaltrige aus der Allgemeinbevölkerung auf. Damit gehört die Erkrankung eines Elternteils mit zu den bedeutsamsten Risikofaktoren für die bio-psycho-soziale Gesundheit der Kinder und Jugendlichen. Trotz des gesundheitlichen Risikos zählen Eltern mit einer psychischen oder Suchterkrankung und ihre Kinder immer noch zu einer Zielgruppe, die bisher von den bestehenden Versorgungsangeboten nur unzureichend profitiert (Sekler/Strahl 2024). Neben einem allgemeinen Mangel an niedrigschwelligen, präventiven und ganzheitlichen Unterstützungs-, Beratungs- und Behandlungsmöglichkeiten werden die betroffenen Familien mit Hindernissen konfrontiert, welche den Zugang zu geeigneten Behandlungs- und Unterstützungsangeboten erschweren. Zur Verbesserung der Versorgungssituation von Kindern aus Familien mit einem psychisch- und/oder suchterkrankten Elternteil sind Leistungen und altersgerechte Zugänge bedarfsgerechter und flächendeckender sowie präventive Leistungen besser erreichbar für Betroffene auszugestalten. Zudem müssen bestehende Hilfs- und Unterstützungsangebote stärker ineinandergreifen und es sind spezifische Qualitätskriterien für Angebote und Hilfen zu entwickeln (ebd.). Insbesondere die Niedrigschwelligkeit im Zugang, die Unterstützung an den individuellen Bedarfen der Familien und der bedingungslose Anspruch der Kinder und Jugendlichen auf Beratung müssen verstärkt ausgebaut werden (ebd.).

Hilfen für betroffene Familien

Einen bundesweiten Überblick über vorhandene Hilfen für Familien mit einem psychisch erkrankten Elternteil hat der Dachverband Gemeindepsychiatrie erstellt (Seckinger/Lenz 2020). Darüber hinaus stellt er auf seiner Website eine virtuelle Landkarte mit Hilfeangeboten für Kinder psychisch erkrankter Eltern bereit (https://hilfen-fuer-familien.info/). Die Angebote werden nach unterschiedlichen Angebotsformen (z.B. Krise und Notfall, Schwangerschaft und Frühe Hilfen, Familie und Alltag, regionale Netzwerke) unterschieden und aufgelistet (ebd., S. 214).

Ein Beispiel aus der psychosozialen Praxis

Das Gruppenprogramm »Ressourcen psychisch kranker und suchtkranker Eltern stärken« zielt darauf, protektive Faktoren und Mechanismen auf Seiten der Eltern zu stärken, um das Gefährdungsrisiko für die betroffenen Kinder zu mindern und so ihre psychosoziale Gesundheit zu fördern (Lenz 2019; Rademaker/Lenz 2019). Grundlegend in dem Gruppenprogramm ist die Stärkung elterlicher Mentalisierungsfähigkeit. Damit ist die Fähigkeit gemeint, mentale Zustände (»mental states«) – Gedanken, Gefühle, Wünsche, Bedürfnisse, Sehnsüchte und Intentionen – bei sich selbst und bei anderen zu verstehen und situationsangemessen zu interpretieren. Mentalisieren ist eine grundlegende Voraussetzung für Empathie, Verständnis, Feinfühligkeit und konstruktive Kommunikation in für uns bedeutsamen Beziehungen. In dem Gruppenprogramm werden die reflexiven Kompetenzen der Eltern in unterschiedlichen Bereichen in vier aufeinander aufbauenden Modulen gefördert (Rademaker/Lenz 2019; Lenz 2019):

1. der Mentalisierung und Mentalisierungsfähigkeit,
2. Gefühle und Umgang mit Gefühlen,
3. Stress und Stressbewältigung und
4. der Förderung des sozialen Beziehungsnetzes.

Die Ergebnisse der Evaluation des Gruppenprogramms zeigen, dass psychisch erkrankte und suchterkrankte Eltern von dem modularen und präventiven Gruppenprogramm profitieren (Rademaker/Lenz 2019). Durch die verbesserte Fähigkeit, eigene mentalen Zustände und die ihrer Kinder zu verstehen, erleben die Eltern einen Wandel in der familiären Interaktion. Die Atmosphäre in der Familie entspannt sich, es eröffnen sich neue Wege der Belastungsbewältigung. Zudem konnte nachgewiesen werden, dass das Vertrauen in die eigene Beziehungs- und Erziehungskompetenz wächst. Die Fachkräfte, die das Gruppenprogramm in der Modellphase in den verschiedenen Praxisfeldern des Gesundheitswesens und der Jugendhilfe in interinstitutioneller Zusammenarbeit angeboten haben, betrachten es als eine fachlich gewinnbringende Bereicherung. Es biete einen handlungsleitenden »roten Faden« für die Gesundheitsförderung und Prävention, sei strukturiert und erweist sich, basierend auf den theoretisch sowie empirisch fundierten Modulen, als wirksam (ebd.).

An dem Beispiel wird deutlich, wie im Rahmen sozialer Gruppenarbeit Gesundheitsförderung und Prävention in interinstitutioneller Zusammenarbeit zwischen dem Gesundheitswesen und der Kinder- und Jugendhilfe umgesetzt werden kann. Leider ist jedoch zu konstatieren, dass Angebote wie das Gruppenprogramm zumeist nicht im Regelangebot im kommunalen Versorgungssystem verankert, sondern im Rahmen von Projektfinanzierungen zeitlich begrenzt sind. Sie müssen damit den Fortbestand immer wieder neu sichern (Seckinger/Lenz 2020). In dieser »Projekthaftigkeit« liegt sicherlich ein Grund, warum Kooperation zwischen Gesundheitssystem und Kinder- und Jugendhilfe und Netzwerkbildung in der Praxis häufig nicht bzw. nicht ausreichend gelingt (ebd.).

5.2 Junge Menschen in den Hilfen zur Erziehung

Junge Menschen haben in der Lebensphase Jugend eine Reihe von Entwicklungsaufgaben zu bewältigen, die als typisch für die Adoleszenz gelten: Sie müssen ihren eigenen Körper bewohnen und akzeptieren lernen, eine Geschlechtsidentität entwickeln und sich einen Umgang mit der eigenen Sexualität aneignen, soziale Beziehungen umbauen, schulische und berufliche Leistungsansprüche definieren, eine Ausbildungs- und Berufswahl treffen, sich an gesellschaftspolitischen Meinungsbildungsprozessen beteiligen und einen eigenen Umgang mit dem Konsum- und Regenerationsmarkt entwickeln (Quenzel/Hurrelmann 2022). Die Bewältigung dieser Entwicklungsaufgaben steht in einem direkten Zusammenhang mit der Gesundheit (Rademaker 2018; Quenzel 2015). Eine unzureichende Bewältigung kann sich negativ auf das Wohlbefinden auswirken und im schlechtesten Fall mit physischen und psychischen Beschwerden bis hin zu nachhaltigen Störungen einhergehen. Einerseits kann die Gesundheit junger Menschen also dazu beitragen Entwicklungsaufgaben gelingend zu bewältigen und sich nach individueller Maßgabe zu verwirklichen. Andererseits kann ihre Nichtbewältigung aber zugleich zu gesundheitlichen Belastungen und Problemen führen (siehe Rademaker 2018, S. 75 ff.).

Entwicklungsaufgaben in der Lebensphase Jugend

»Entwicklungsaufgaben beschreiben [dabei] die für die verschiedenen Altersphasen typischen körperlichen, psychischen und sozialen Anforderungen und Erwartungen, die von der sozialen Umwelt an Individuen der verschiedenen Altersgruppen herangetragen werden und/oder sich aus der körperlichen und psychischen Dynamik der persönlichen Entwicklung ergeben.« (Quenzel/Hurrelmann 2022, S. 23)

Als wesentlicher psychobiologischer Marker ist die Pubertät zu verstehen. Typisches Merkmal der beginnenden Pubertät ist die eintretende Geschlechtsreife in Verbindung mit einem abrupten Ungleichgewicht körperlicher Entwicklungen und psychischer Dynamiken der Persönlichkeit (Homfeldt 2014). Der Körper erfindet sich neu und fordert seinen Träger heraus, diese neue Körpergestalt auch akzeptieren und wertschätzen zu lernen. Soziologisch betrachtet handelt es sich bei der Bewältigungsanforderung um eine schrittweise Erweiterung der Handlungsspielräume mit einer permanenten Vergrößerung der Rollenvielfalt hin zu einer autonomen Persönlichkeit (Quenzel/Hurrelmann 2022).

Das Modell Produktiver Realitätsverarbeitung

Nach dem Modell Produktiver Realitätsverarbeitung werden die psychobiologischen mit den soziologischen Ansätzen verbunden und Persönlichkeitsentwicklung im Wechselspiel innerer und äußerer Realität beschrieben. Es wird davon ausgegangen, dass sich ein

> »Individuum vor der Folie seiner eigenen physischen, psychischen und sozialen Bedürfnisse aktiv mit den Anforderungen auseinandersetzt, die aus der sozialen und biologischen Umwelt an es herangetragen werden, und dass es im Zuge dieser Auseinandersetzung seine Persönlichkeit entwickelt« (Quenzel/Hurrelmann 2022, S. 92).

Im Idealfall erwerben junge Menschen im Sozialisationsprozess Kompetenzen, die sie befähigen, eine autonome Ich-Struktur aufzubauen und sich gleichzeitig als Mitglied einer Gesellschaft in die soziale Umwelt zu integrieren (Quenzel/Hurrelmann 2022). Die Familie nimmt dabei als primäre Sozialisationsinstanz einen erheblichen Einfluss auf die Persönlichkeitsbildung. Hinzu kommen sekundäre Sozialisationsinstanzen (z. B. Schule, Tagesgruppe, Erziehungsbeistand, Jugendtreff). Sie bieten erweiterte Erfahrungsräume und zudem informelle Kontexte des alltäglichen Lebens für z. B. lebensweltliches Handlungswissen und soziale Integration (Hurrelmann/Bauer 2021). Soziale Ungleichheiten, wie sie bei Adressat*innen von Hilfen zur Erziehung häufig gegeben sind, produzieren entsprechend Unterschiede im Sozialisationsprozess. Homfeldt und Kolleg*innen plädieren daher dafür, Jugend stärker vor dem Hintergrund der diversen Möglichkeiten junger Menschen zu betrachten, um Handlungsspielräume zu erreichen und auszuweiten (Homfeldt et al. 2009). Insbesondere bei Kindern und Jugendlichen in prekären Lebenslagen, wie Armut oder jene, die von Gewalt, Misshandlung oder Vernachlässigung betroffen sind, sollte die Kinder- und Jugendhilfe die subjektive von jungen Menschen wahrgenommene Perspektive stärker in den Blick nehmen. Dadurch können Fachkräfte besser verstehen, warum und inwieweit Jugendliche Optionsräume zur Einflussnahme auf ihre Gesundheit und damit gesundheitsbezogene Handlungsmacht für sich wahrnehmen und nutzen können.

Tab. 4: Exemplarische Zusammenhänge der Bewältigung von Entwicklungsaufgaben mit der Gesundheit (in Anlehnung an Rademaker 2018, S. 99–103).

Entwicklungsaufgabe und ihre Charakteristika	Relevante Aspekte für die Gesundheit
(1) Akzeptanz physischer und psychischer Veränderungen Bewältigungsanforderungen: • den sich verändernden Körper bewohnen lernen (Aneignung und Akzeptanz) • eine eigene (Geschlechts-)Identität sowie den präferierten Umgang mit Sexualität herausbilden	• Modifikationen des Aussehens und Körpermanipulationen als Strategien der Körperaneignung (z. B. Ernährung, Bewegung, Selbstverletzung, Konsum) • Räume zur wertfreien Erprobung von sexueller Identität und Präferenz • Privatheit, Sicherheit und Schutz der Intimsphäre

Tab. 4: Exemplarische Zusammenhänge der Bewältigung von Entwicklungsaufgaben mit der Gesundheit (in Anlehnung an Rademaker 2018, S. 99–103). – Fortsetzung

Entwicklungsaufgabe und ihre Charakteristika	Relevante Aspekte für die Gesundheit
	• Unterstützung und ›Role-Models‹ durch Erwachsene
(2) Um- und Ausbau sozialer Beziehungen Bewältigungsanforderungen: • aktive Ausgestaltung des Umbaus sozialer Beziehungen mit dem Ziel sozialer Teilhabe und Integrität • Ablösung vom Elternhaus • Beziehungen zu den Peers sowie intime Paarbeziehungen zu Gleichaltrigen • Beziehungen zu Erwachsenen	• Freundschaften mit Gleichaltrigen aufbauen und kritisch reflektieren, wenn sie als unbefriedigend/belastend wahrgenommen werden • Möglichkeiten zur Erprobung von Liebesbeziehungen • Unterstützung bei der Bewältigung inadäquater Beziehungen (Parentifizierung, Rollenverschiebungen) und fehlenden positiven, unterstützenden Beziehungen zu Erwachsenen
(3) Qualifikation und Berufsperspektive Bewältigungsanforderungen: • aktive Ausgestaltung persönlicher Leistungsbereitschaft • Entfaltung intellektueller und sozialer Kompetenz • Verselbstständigung und Selbstverwirklichung im Beruflichen • Sicherung ökonomischer Unabhängigkeit als Basis unabhängiger Teilhabe am Kultur- und Konsumleben	• Bewältigung der Qualifikationsphase und Etablierung beruflicher Perspektiven • physisches und psychisches Wohlbefinden in Bildungsinstitutionen (bspw. Umgang mit Schulstress, Mobbing) • Umgang mit Anerkennung und Konkurrenz unter Peers, im Elternhaus und gesellschaftlichen Zusammenleben
(4) Regeneration (Work-Life-Balance) Bewältigungsanforderungen: • einen eigenen Lebensstil entwickeln, der es ermöglicht, die Work-Life-Balance im Alltag aufrechtzuerhalten	• Umgang mit Entspannungstechniken, Konsum und Freizeitaktivitäten (Grenzen austesten) • Balance von Unter- und Überforderung der eigenen Leistungsbereitschaft • Motivation und Belastungs- und Stressempfinden erfahren

Tab. 4: Exemplarische Zusammenhänge der Bewältigung von Entwicklungsaufgaben mit der Gesundheit (in Anlehnung an Rademaker 2018, S. 99–103). – Fortsetzung

Entwicklungsaufgabe und ihre Charakteristika	**Relevante Aspekte für die Gesundheit**
• zu einem kontrollierten und bedürfnisorientierten Umgang mit Freizeit-, Kultur- und Konsumangeboten kommen • Kräfte regenerieren und einen Umgang mit Leistungsanforderungen und Erholung etablieren	
(5) Partizipation und gesellschaftliche Teilhabe Bewältigungsanforderungen: • Fähigkeiten einer verantwortlichen gesellschaftspolitischen Teilhabe • Entwicklung moralischer und politischer Orientierungen • Erwerb politischer Handlungsfähigkeiten • Erlernen der Bedürfnis- und Interessensvertretung im sozialen Umfeld und der Öffentlichkeit	• eigene Interessen und Bedürfnisse in wichtigen Lebensbereichen vertreten (aktive Partizipation) • Erleben von Entscheidungsmacht • Handlungsmöglichkeiten wahrnehmen, um sich aktiv für Gesundheit einsetzen zu können • Entscheidungsmacht in Gesundheitsfragen

Die exemplarisch dargestellten Zusammenhänge bieten eine Orientierung, um fachliches Handeln, Konzepte und Methoden gesundheitsfördernder auszurichten. Insgesamt stellen dabei Transitionsphasen, z. B. von der Familie in eine stationäre Einrichtung, von der Schule in den Beruf oder aus der Psychiatrie zurück in den Schulalltag besondere Herausforderungen für junge Menschen dar. Diese Übergänge werden unter Krisenbedingungen erschwert, wie das folgende Praxisbeispiel aus der Reihe zum Thema Gesundheitsförderung in der Pandemie auf dem Fachkräfteportal der Kinder- und Jugendhilfe zeigt (https://jugendhilfeportal.de/artikel/projekte-sind-gut-strategien-sind-besser-potenziale-integrativer-strategien-zur-kommunalen-gesundheitsfoerderung).

Projektbeispiel »Kraftquellen«

In dem vom Erzbischöflichen Jugendamt München und Freising eingereichten Projektbeispiel »Kraftquellen« für junge Menschen im Übergang wurde anlässlich des gestiegenen Drucks auf junge Erwachsene ein Coaching-Prozess im Freiwilligen Sozialen Jahr (FSJ) untersucht. Im Zentrum stehen Veränderungen und Wechselwirkungen individueller Lebensfragen und das Wohlbefinden. Dabei partizipierten junge Menschen als Co-Forschende. Zur Projektintention laut Projekt-Initiator*innen:

»Wir wussten damals nicht, wie junge Erwachsene Veränderungen im Zusammenhang mit ihrer Gesundheit konkret im Alltag erleben und welcher Auftrag sich hierdurch für das Coaching in unserem Referat stellt. Von daher haben wir das ›Projekt Kraftquellen‹ gestartet. Und es hat sich gelohnt. Die beteiligten jungen Menschen haben ein intensives Coaching erhalten. Von ihnen und mit ihnen konnten wir lernen, was sie bedrückt, was sie freut und was ihnen im Leben wirklich wichtig ist. Dabei sind die Beziehungen zur Familie und zu engen Freunden sowie eine Bildung ohne Druck, aber als Prozess mit Zeit, ihre wichtigsten Anliegen.

Gerade jetzt in der Coronakrise zeigt sich, wie notwendig es ist, gesunde sowie kranke junge Erwachsene in ihren ganzen Veränderungsvorhaben und Ressourcen engagiert zu unterstützen, damit sie sich getragen und für die Zukunft gestärkt fühlen. Das Projekt Kraftquellen macht Mut: Beziehung und Beratung gelingen auch digital, wenn gleichzeitig ein vertrauensvolles Miteinander und ein wirklicher Raum für ein ›Gesehen-Werden‹ eröffnet wird.«

Die Multiple Krise erweitert die zu bewältigenden Herausforderungen junger Menschen um weitere gesellschaftliche Komponenten. Folgen können sich direkt und indirekt auf die Gesundheit auswirken, wie das o. g. Beispiel und z. B. auch die Studie co*gesund zur Gesundheitsförderung bildungsbenachteiligter junger Menschen in der Pandemie aufzeigen (Heid et al. 2023; Liesner et al. 2023). Neben einer Erkrankung mit Corona und möglichen langanhaltenden Folgen in Form einer Long-Covid-

Symptomatik haben die Infektionsschutzmaßnahmen junge Menschen insbesondere indirekt durch z. B. soziale Isolation in ihrer gesunden Entwicklung getroffen (Heid et al. 2023; Liesner et al. 2023).

Die Förderung von Gesundheit Heranwachsender bezieht sich unumgänglich auf eine Förderung der gelingenden Bewältigung von Entwicklungsaufgaben. Damit ist Gesundheitsförderung unweigerlich Aufgabe von Sozialarbeitenden in den Handlungsfeldern der Kinder- und Jugendhilfe und insbesondere jenen der Hilfen zur Erziehung. Sie muss dabei die diversen Lebensentwürfe junger Menschen in den Blick nehmen, z. B. queerer junger Menschen in der stationären Jugendhilfe oder auch jungen Menschen mit chronischen Erkrankungen und/oder Behinderungen. Gesundheitsförderung ist settingübergreifend und strukturell in den Einrichtungen der Kinder- und Jugendhilfe zu verankern, bestenfalls als Bestandteil integrierter kommunaler Strategien und in Kooperation des Sozial-, Bildungs- und Gesundheitswesens.

Vor dem Hintergrund sich dynamisch wandelnder Gesellschaften und multipler Krisen erfordert dies eine regelmäßige Anpassung und nachhaltige Weiterentwicklung von Strukturen, orientiert an den Sozialisationsorten und Herausforderungen Jugendlicher. Hierfür werden neben den Hilfen zur Erziehung niedrigschwellige Hilfen im Sozialraum, die alle jungen Menschen der Kommune erreichen, fokussiert, durch z. B. Offene Jugendarbeit, Streetwork oder Schulsozialarbeit. Dabei sollen die Potenziale vorhandener Strukturen, Expertisen und Kompetenzen im Sozialraum genutzt werden. Junge Menschen sind in den Mittelpunkt der Planung, Implementierung und Evaluierung von Maßnahmen zu stellen. Die Berücksichtigung sensibler Übergangsphasen an den für junge Menschen relevanten Sozialisationsorten ist dabei in allen Schritten mit zu beachten.

5.3 Jugend- und Schulsozialarbeit

Als Teil der Kinder- und Jugendhilfe haben auch die Jugend- und Schulsozialarbeit sowie die Jugendberufshilfe eine erhebliche Bedeutung in Bezug auf Gesundheitsförderung. Die Jugendphase stellt eine entwicklungsreiche und damit gleichzeitig herausfordernde und vulnerable Lebensphase dar. Das Setting Schule hat dabei eine besondere Bedeutung. In der Bundesrepublik Deutschland herrscht Schulpflicht (z.B. §§ 34, 35 Schulgesetz (SchulG) NRW), sodass Schule einen Ort darstellt, an dem potenziell alle Kinder und Jugendlichen erreicht werden können. Schulen selbst haben dabei den Auftrag bzw. sind gesetzlich verpflichtet, die Gesundheit der Schüler*innen in unterschiedlicher Weise zu fördern (Josupeit et al. 2022; Rademaker 2020b). Vor dem Hintergrund von § 7 Kinder- und Jugendförderungsgesetz (KJFöG), dem Zusammenarbeiten von Jugendhilfe und Schule sowie § 58 SchulG NRW besteht auch eine gesetzliche Grundlage für die Kooperation von Schule und Schulsozialarbeit mit der Jugendhilfe. Schulsozialarbeit und Jugendarbeit sind folglich immer als Schnittstellen zu betrachten und damit zwei – in Bezug auf die Förderung von Kindern- und Jugendlichen, dem Personal der Schule sowie deren Angehörigen – mächtige Handlungsfelder.

Soziale Arbeit in der Schule und Jugendarbeit

Das SGB VIII (Kinder- und Jugendhilfe) definiert verschiedene Angebote der Jugendhilfe in den §§ 11 bis 14. Diese sind zunächst die Jugendarbeit nach § 11 SGB VIII, die Förderung der Jugendverbände nach § 12 SGB VIII, die Jugendsozialarbeit nach § 13 SGB VIII, die Schulsozialarbeit nach §13a SGB VIII sowie der erzieherische Kinder- und Jugendschutz nach §14 SGB VIII.

Ziel ist u.a. die Sicherstellung der Forderungen in § 1 Abs. 1 SGB VIII: »Jeder junge Mensch hat ein Recht auf Förderung seiner Entwicklung und auf Erziehung zu einer selbstbestimmten, eigenverantwortlichen und gemeinschaftsfähigen Persönlichkeit.« Dazu fördert Jugendhilfe »junge Menschen in ihrer individuellen und sozialen

Entwicklung«, unterstützt Eltern bei der Erziehung, schützt Kinder und Jugendliche vor Gefahren und trägt zu positiven Lebensbedingungen für sie und ihre Familien bei (Hansbauer et al. 2024, S. 50, vgl. zudem § 1 Abs. 3 SGB VIII).

Schule sowie die Kinder- und Jugendarbeit sind Orte, an denen Kinder und Jugendliche sich treffen, Kontakte knüpfen, Verhaltensweisen erproben, Fähigkeiten und Fertigkeiten entwickeln – das soziale Miteinander erleben. Diese Orte und zugleich Handlungsfelder Sozialer Arbeit als Treffpunkte junger Menschen sind selbst schon gesundheitsförderlich, wie u.a. die Beispiele im vorangehenden Kapitel zeigen. Darüber hinaus bergen sie auch Risiken. Neben sozialen Problemlagen wie Diskriminierung, Mobbing oder riskantem Konsum, welche erhebliche Folgen für die bio-psycho-soziale Gesundheit haben können, sind die benannten Settings auch Orte, in denen Kinder und Jugendliche Neues kennenlernen, Verhaltensweisen erproben und manifestieren. Gerade dann, wenn diese Verhaltensweisen gesundheitsgefährdende Potenziale haben, können Schulen und Angebote aus der Jugendarbeit gesundheitsbezogene, dysfunktionale Effekte haben, wenn diese Verhaltensweisen nicht hinreichend kritisch reflektiert und gemeinsam mit den Jugendlichen bearbeitet werden.

Die Schul- und Jugendsozialarbeit stellen somit einen wichtigen und alltagsnahen Zugang zu einer relevanten Zielgruppe für Gesundheitsförderung dar. Sie sind allerdings nicht in der Lage, Maßnahmen zur Gesundheitsförderung allein anzubieten. Um sie als systemübergreifende Strategien in den Settings zu verorten, sind neben der Akzentuierung des formalen Bildungsauftrags auch der Auftrag der Jugendhilfe sowie personelle und finanzielle Ressourcen, wie bspw. eine rechtlich abgesicherte Anstellung von Sozialarbeitenden in der Schule als Teil des multiprofessionellen Teams, erforderlich (Josupeit et al. 2022; Kunkel 2016). Daher ist es die Aufgabe von Schulen, gemeinsam mit der Schulsozialarbeit lokale Netzwerkstrukturen aufzubauen und Gesundheitsförderung als vernetzte Gemeinschaftsaufgabe umzusetzen. Die Vernetzung mit der Jugendsozialarbeit, Sportvereinen, dem Jugend- und Gesundheitsamt, lokalen Akteur*innen im Stadtteil oder Quartier können zum Ressourcenaufbau für gesundheitsfördernde Strukturen in der Schule und Jugendsozialarbeit beitragen, z. B. mit Blick auf die gemeinsame Nutzung von Flächen oder kooperative Projekt- oder Kampagnenarbeit. Zudem erhöht die entstehende Kooperation die Wahrscheinlichkeit, möglichst viele Kinder und Jugendliche zu erreichen und gleichzeitig Problemlagen frühzeitig zu erkennen.

Der Übergang von der Schule in den Beruf

Netzwerkstrukturen zur Förderung eines gelingenderen und gesundheitsförderlichen Übergangs von der Schule in den Beruf spielen nicht nur in der Schule, sondern auch in der Jugendberufshilfe eine zentrale Rolle (Mairhofer 2017, S. 69).

Jugendberufshilfe

Die Angebote der Jugendberufshilfe sind durch §§ 44 bis 49 sowie §§ 74 bis 75 SGB III (Arbeitsförderung) geregelt. Darüber hinaus können Maßnahmen auch aus den Regelungen des SGB II (Bürgergeld, Grundsicherung für Arbeitssuchende) sowie aus §13 SGB VIII (Kinder- und Jugendhilfe) finanziert werden. Damit wird die Finanzierung der Jugendberufshilfe zu einem komplexen, mit Blick auf den Auftrag teilweise spannungsgeladenen Feld (Hansbauer et al. 2024, S. 171–175).

Jugendberufshilfe hat zunächst zum Ziel, Jugendliche bei der Berufsorientierung und -wahl zu unterstützen. Darüber hinaus zielt die Aktivierung und berufliche Eingliederung auf die »Heranführung an den Ausbildungs- und Arbeitsmarkt sowie Feststellung, Verringerung oder Beseitigung von Vermittlungshemmnissen« (§ 45 Abs. 1 Nr. 1 SGB VIII). Jugendliche und junge Erwachsene sollen in Bezug auf Berufsorientierung bzw. -wahl sowie den Übergang in Ausbildung bis hin zu deren Abschluss handlungsfähig bleiben bzw. werden (Bertsche 2021, S. 140). Dies geschieht in Form von Interventionen z. B. durch die Einrichtung von außerbetrieblichen Ausbildungsstätten, begleitenden

Hilfen bzw. Beratung, aber auch präventiv durch Unterstützung, insbesondere im Übergang von Schule in Beruf (Transition) (ebd., S. 141).

Die Jugendberufshilfe fördert demnach den Zugang zum (ersten) Arbeitsmarkt und allen damit einhergehenden Effekten auf die Verwirklichungschancen junger Menschen. Hierzu zählen z. B. die Förderung zu einer finanziell unabhängigen Persönlichkeit, Möglichkeiten zur Teilhabe an der Gesellschaft und ihren Versorgungsstrukturen, Verselbstständigung u. v. m. Darüber hinaus ist es ihre Aufgabe, mit den Angeboten und Maßnahmen die Fähigkeiten und Fertigkeiten junger Menschen im Übergang zu fördern. Die Jugendberufshilfe kann mit ihren vielfältigen Angeboten in Schulen oder auch in speziellen Ausbildungseinrichtungen stattfinden und ist ein Ort, an dem Jugendliche vor, während und nach der Transition von der Schule in den Beruf Unterstützung und Rückhalt finden können.

Hierbei gestaltet sich der Auftrag Sozialer Arbeit, junge Menschen zur Teilhabe und Verwirklichung zu bemächtigen, insbesondere vor dem Hintergrund der Finanzierung schwierig. Der Fokus vieler Maßnahmen liegt zu sehr darauf, Jugendliche (schnell) in Arbeit zu bringen. Dadurch läuft das sozialpädagogische Handeln Gefahr, lebensweltliche Bezüge zu vernachlässigen und nur noch das Übergangsmanagement in den Blick zu nehmen (Hansbauer et al. 2024, S. 175 f.). Dabei sind Jugendliche in der Jugendberufshilfe nicht selten erhöhten Belastungen ausgesetzt, z. B. durch Bildungsbenachteiligung, instabile Familienverhältnisse, Migration, psychosoziale und weitere Gesundheitsprobleme u. v. m. Sie verfügen oft über weniger personale und umweltbezogene Ressourcen und Möglichkeiten, ihnen wird aber gleichzeitig ein hohes Maß an Verantwortung übertragen, den prekären Übergang dennoch zu meistern. Das kann u. a. dazu führen, dass die Bewältigungsanforderungen als unüberwindbar wahrgenommen werden und dadurch weitere Stressoren auf die jungen Menschen einwirken. In der Jugendberufshilfe spielen daher die Stärkung von Ressourcen, Beratung und auch Vermittlung zu anderen Hilfsangeboten eine zentrale Rolle, um die bio-psycho-soziale Gesundheit als Teil sozialpädagogischer Praxis zu fördern.

Ein Beispiel aus der Praxis

Ein wegweisendes Modell stellt das seit Jahrzehnten erfolgreich laufende Programm »Gut Drauf« dar (www.gutdrauf.net). Die Idee einer integrierten Gesundheitsförderung in Settings wie der offenen Kinder- und Jugendarbeit (insbesondere Jugendzentren), Schule und Jugendberufshilfe greift dabei die Intention der Schaffung gesundheitsförderlicher Lebenswelten auf. Ziel ist es, durch bereits kleine Modifikationen in der Umgebung, wie z. B. dem Angebot von kostenlosem Trinkwasser oder das zur Verfügung stellen von Spielgeräten und Entspannungsmöglichkeiten, relativ niedrigschwellige und kostengünstige gesundheitsförderliche Interventionen zu unternehmen, die sich in bestehende Abläufe und Routinen integrieren lassen. Unter der Berücksichtigung der Settingprinzipien Ressourcenförderung, Empowerment und Partizipation lassen sich durch den zielgerichteten Einbezug der Adressat*innen auch Selbstwirksamkeitserfahrungen sowie Motivation erzeugen, die wiederum gesundheitsförderliche Effekte, wie psychosoziales Wohlbefinden, fördern können. Die Schaffung von Raumen zur Bewegung und für Entspannung kann, insbesondere dann, wenn z. B. der Schulalltag oder die Berufsausbildung Stresserleben erzeugen oder verstärken, ebenfalls eine einfach zu realisierende Maßnahme sein.

Schule, Jugendsozialarbeit und -berufshilfe haben mit Blick auf die Erreichbarbeit von Kindern und Jugendlichen in ihrer Lebenswelt eine enorme Bedeutung. Welche Wirkungen dabei entfaltet werden, hängt maßgeblich von der Gestaltung der Settings bzw. der Angebote und interprofessionellen Strukturen darin ab. Hierfür sind jedoch ausreichende Ressourcen zur Verfügung zu stellen. Eine fachlich professionelle und fundierte Gesundheitsförderung ist in den rechtlichen und organisationalen Rahmenbedingungen der Settings zu verankern und finanzielle Mittel insbesondere für das Personal Sozialer Arbeit zur Verfügung zu stellen. Es obliegt der Sozialen Arbeit, ihr Handeln in den Settings hinsichtlich ihrer gesundheitsfördernden Potenziale für Kinder und Jugendliche immer wieder kritisch zu hinterfragen und sich dabei gleichzeitig als wichtige Akteurin zu verstehen.

6 Gesundheitsfördernde Soziale Arbeit mit Erwachsenen

6.1 Gesundheitsförderung in der Arbeitswelt

Eine nicht minder relevante Zielgruppe für Gesundheitsförderung sind Fachkräfte in den sogenannten Care-Berufen, der Pflege und Sozialen Arbeit. In diesen Arbeitsfeldern kumulieren gesellschaftliche Krisen besonders und fordern professionell Handelnde bis an ihre Grenzen, z. T. auch darüber hinaus. Durch z. B. den demografischen Wandel und steigende Lebenszeit der Menschen nimmt die Gruppe von Hochaltrigen zu, die jedoch aufgrund veränderter Familienstrukturen sowie mitunter hochkomplexen Versorgungsbedarfen vielfach im professionellen Unterstützungssystem betreut, begleitet und behandelt werden müssen. Ähnlich zeigt es sich bei Menschen die von Armut, Arbeits- und Wohnungslosigkeit, gesundheitlicher Ungleichheit u. v. m. betroffen und auf die wohlfahrtsstaatlichen Arrangements insbesondere Sozialer Arbeit und der Pflege angewiesen sind. Parallel zu der steigenden Anzahl potenzieller Adressat*innen, Klient*innen und Patient*innen herrscht ein massiver Fachkräftemangel im Care-Bereich. Der Pflegenotstand, die Schwächung der ärztlichen Versorgung, die Schwierigkeiten, Rechtsansprüche von Bürger*innen zu erfüllen, oder überlastetes und damit auch eher zu Fehlern und unangemessenem Verhalten neigendes Personal gehören zu alltäglichen Themen medialer Berichterstattung (McGrath et al. 2024, S. 10).

Ein Blick in die Forschung

Die Sozialarbeit und Sozialpädagogik sind gemäß einem Bericht des Instituts der Deutschen Wirtschaft (IW) aus dem vergangenen Jahr der Berufszweig mit der quantitativ und absolut betrachtet größten Fachkräftelücke in Deutschland: Zwischen Juli 2021 und Juni 2022 fehlten im Durchschnitt 20.578 Fachkräfte im Tätigkeitsbereich (McGrath et al. 2024, S. 10). Als größte Probleme des Fachkräftemangels werden erstens die Überlastungen für das vorhandene Personal, zweitens Risiken, wie eine sinkende Qualität oder eine höhere Wahrscheinlichkeit, die Schutzfunktion nicht erfüllen zu können, sowie drittens die Unmöglichkeit, dem gesellschaftlichen Auftrag und der Erfüllung der gesetzlichen Ansprüche von Bürger*innen gerecht werden zu können, benannt (McGrath et al. 2024). Laut Fehlzeitenreport 2023 der AOK (unterstützt durch das Wissenschaftliche Institut der AOK (WidO) gehören Fachkräfte aus dem Sozial- und Gesundheitswesen zu den stark belasteten Berufsgruppen, betrachtet man den Krankenstand der 15,1 Mio. AOK-Versicherten (Badura et al. 2023). Von 2021 bis 2022 stieg der prozentuale Anteil dieser Berufsgruppen von 6,2 auf 7,8 % (Badura et al. 2023, S. 449).

Neben steigenden Atemwegserkrankungen im Zuge der Coronapandemie zeigen vor allem die psychischen Erkrankungen in den letzten Jahren einen kontinuierlichen Anstieg. Von 2012 bis 2022 sind die Fälle von Arbeitsunfähigkeit der AOK-Mitglieder aufgrund psychischer Erkrankungen auf 12,4 % angestiegen (ebd., S. 473). Nach den Ergebnissen der repräsentativen BIBB/BAuA-Erwerbstätigenbefragung 2018 haben sich 64 % der Sozialarbeitenden und 70 % der Krankenpflegefachkräfte in den letzten zwölf Monaten krank gemeldet (Mayer/Hollederer 2024, S. 31). Das waren ca. 38 Arbeitstage bei Sozialarbeitenden und ca. 33 Arbeitstage bei Fachkräften der Krankenpflege (ebd.). Diese erkrankungsbedingten Fehltage stehen in einem direkten Zusammenhang mit der Arbeitszufriedenheit der Mitarbeitenden. Sowohl bei den Erwerbstätigen in den Sozial- und Gesundheitsberufen als auch den übrigen Berufsfeldern gaben die sehr zufriedenen Beschäftigten seltener an, sich in den letzten zwölf Monaten krankgemeldet zu haben (ebd., S. 32 f.). Fragt man die Arbeitgeber*innen nach den konkreten Auswirkungen auf die Arbeit bei unbesetzten Stellen (Fachkräftemangel), zeigt sich am deutlichsten eine erhöhte Arbeitsbelastung für die bestehenden Fachkräfte. In einer Befragung des Deutschen Jugendinstitutes (DJI) gaben 73 % der Arbeitgeber*innen in Bayern an, dass längerfristig unbesetzte Stellen im Sozialwesen in irgendeiner Form (»gelegentlich« bis »immer«) zu mehr Krankheitstagen bei den verbleibenden Fachkräften führen (McGrath et al. 2024, S. 31).

Stress und psychische Erkrankungen in der Arbeitswelt

Die aktuelle Gesundheitsberichterstattung weist darauf hin, dass Stressbelastung und psychische Erkrankungen, nicht zuletzt seit der Coronapandemie, ein sehr hohes Niveau erreicht haben. Sie haben damit nicht nur Fehltage durch Krankheit zur Folge, sondern beeinträchtigen auch die Leistungsfähigkeit im Beruf (Badura et al. 2023). Das bedeutet für die Betriebliche Gesundheitsförderung (BGF), dass es hier besonders viele Ansatzpunkte gibt, die mentale Gesundheit der Beschäftigten zu fördern. Schon 2017 verwies Badura darauf, dass die psychische Gesundheit »die zentrale Zielgröße Betrieblicher Gesundheitspolitik sein (sollte), wegen ihrer fundamentalen Bedeutung für die persönliche Lebensqualität und das Arbeits-, Sozial- und Gesundheitsverhalten« (Badura 2017, S. 22). Demnach zeigt Badura auf, dass eine der Hauptursachen von ›Produktivitätseinbußen‹ psychische Probleme wie u. a. Ängste, depressive Verstimmung und Schlafstörungen sind und, solange sie andauern, Risikofaktoren für psychische Erkrankungen bilden (ebd.).

An diesen Zahlen zeigt sich, wie groß der Bedarfe von Gesundheitsförderung in den Care-Berufen ist. Ähnlich gilt dies für zahlreiche weitere Berufsgruppen, wobei sich für die Soziale Arbeit ein weiteres – häufig noch nicht m Blick stehendes – Handlungsfeld im Bereich der Betrieblichen Gesundheitsförderung öffnet.

Betriebliche Gesundheitsförderung (BGF)

Der Bedarf von Gesundheitsförderung in der Arbeitswelt ist hoch. Dies zeigt sich auch darin, dass die Betriebliche Gesundheitsförderung (BGF) im PävG (2015) explizit adressiert und im Leitfaden Prävention des GKV-Spitzenverbands ausführlich beschrieben und mit Zielen konkretisiert wird (GKV 2023).

Unter Betrieblicher Gesundheitsförderung »wird die Gesamtheit der systemischen Interventionen in privaten und öffentlichen Betrieben verstanden, durch die gesundheitsrelevante Belastungen gesenkt und Ressourcen vermehrt werden sollen« (Hartung/Faller 2025). Dabei sollen Interventionen möglichst partizipationsorientiert mit allen betrieblichen Akteuren einschließlich der Beschäftigten ausgewählt und gestaltet werden. Primärpräventive und gesundheitsförderliche Effekte sollen durch Veränderungen der Ergonomie, der Organisation, des Sozialklimas und des individuellen Verhaltens erzielt werden (Hartung/Faller 2025).

Das Präventionsgesetz (PrävG)

Das Gesetz zur Stärkung der Gesundheitsförderung und der Prävention (Präventionsgesetz – PrävG) wurde 2015 zur Verbesserung der Grundlagen für die Zusammenarbeit von Sozialversicherungsträgern, Ländern und Kommunen in den Bereichen Prävention und Gesundheitsförderung eingeführt. Für die Soziale Arbeit ist § 20a SGB VIII, die Leistungen für Gesundheitsförderung in den Lebenswelten, besonders bedeutsam. Er berechtigt Einrichtungen z. B. der Kinder- und Jugendhilfe, Schulen und Jugendarbeit, zielgruppenspezifische Maßnahmen nach dem Leitfaden Prävention zu beantragen. Eine Beratung für Fachkräfte leisten die Koordinierungsstellen des Kooperationsverbundes Gesundheitliche Chancengleichheit in den Ländern (https://www.gesundheitliche-chancengleichheit.de/wir-in-den-laendern/).

Betriebliche Gesundheitsförderung hat sich in den letzten 20 Jahren zunächst unabhängig vom Arbeitsschutz entwickelt. Das Arbeitsschutzgesetz (ArbSchG, 1996) hält fest: »Maßnahmen des Arbeitsschutzes im Sinne dieses Gesetzes sind Maßnahmen zur Verhütung von Unfällen bei der Arbeit und arbeitsbedingten Gesundheitsgefahren einschließlich Maßnahmen der menschengerechten Gestaltung der Arbeit.« Die Regelung im PrävG (2015) zeigt, dass die BGF und der Arbeitsschutz sich annähern und nicht länger unabhängig voneinander zu betrachten sind, da Arbeitsschutz und BGF vielfältige Schnittstellen aufweisen.

BGF im Leitfaden Prävention

Ziele des BGF im Leitfaden Prävention des GKV-Spitzenverbandes sind (GKV 2023, S. 104):

- eine Förderung von Leistungen zur Gesundheitsförderung in Betrieben (BGF) und dabei insbesondere der Aufbau und die Stärkung gesundheitsförderlicher Strukturen
- die Beteiligung der Versicherten und der für den Betrieb Verantwortlichen sowie der Betriebsärzte und der Fachkräfte für Arbeitssicherheit
- die Entwicklung von Vorschlägen zur Verbesserung der gesundheitlichen Situation sowie zur Stärkung der gesundheitlichen Ressourcen und Fähigkeiten
- die Unterstützung der Umsetzung in den Betrieben

Im Leitfaden wird weiter expliziert, dass sich die BGF an dem Betrieb als Organisation und an die einzelnen Beschäftigten gleichermaßen richtet und somit die Arbeitsumgebung, ganz im Sinne des Settingansatzes (► Kap. 3.5) systematisch gesundheitsförderlich gestaltet werden soll. Hier wird der Perspektivwechsel in der Ressourcenverteilung der Gesundheitsförderung deutlich: Nachdem die Kassen jahrelang Interventionen in Settings und individuelle Maßnahmen gefördert haben, wurden mit Verabschiedung des PrävG strukturelle Rahmenbedingungen als Ansatzpunkte für Gesundheitsförderung stärker fokussiert.

Im Setting Betrieb können gesundheitsförderliche Rahmenbedingungen gezielt beeinflusst und hergestellt werden. Diese beinhalten auch verhältnisbezogene Regelungen und Handlungsroutinen, wie z.B. eine gesundheitsförderliche Führungs- und Kommunikationskultur, Partizipation an organisationalen Entscheidungsprozessen, kollegialer Austausch und Supervision, aber auch eine bewegungsfreundliche Arbeitsumgebung und gesundheitsgerechte Verpflegungsangebote. Auch Gremien zur Koordination und Steuerung des Prozesses BGF sind zu benennen. Zudem weist der Leitfaden Prävention darauf hin, dass im Sinne des PrävG die betriebliche Gesundheitsförderung, in Anlehnung an den Public Health Action Cycle (PHAC), Elemente von der Erhebung der gesundheitlichen Situation, daraus abgeleitete Konzepte zur Verbesserung der gesundheitlichen Situation sowie deren Umsetzung und Bewertung enthalten soll. Bei der Umsetzung von BGF ist demnach darauf zu achten, ein ganzheitliches Vorgehen in den Blick zu nehmen und damit einen sogenannten verhaltens- und verhältnisorientierten Ansatz unter Beteiligung aller Akteure der Gesundheitsförderung zu verfolgen. So verweist der Leitfaden Prävention darauf, dass Beschäftigte an der BGF zu beteiligen sind.

Maßnahmen der Verhaltens- und Verhältnisebene

In der Praxis der BGF sollten dem Settingansatz entsprechend Maßnahmen auf der Ebene von Verhaltens- und Verhältnisprävention ansetzen. Im Bereich der Verhaltensprävention reichen die Angebote in Unternehmen von Ernährungsberatung, Bewegungskursen wie Lauftreffs, Gesunder Rücken, Yoga, Walking-Gruppen bis hin zu Angeboten zum Stressmanagement wie Entspannungs-, Achtsamkeitskursen und Selbstfürsorge. Im Bereich der Verhältnisorientierung sind typische Maßnahmen von der gesundheitsförderlichen Arbeitsplatzgestaltung über gesunde Kantinenkost und besondere Frühstücksangebote bis hin zu Maßnahmen zur Stärkung der Führungskompetenz und transparenter Kommunikation sowie zur Verbesserung des Betriebsklimas, wie Teamentwicklung, Maßnahmen gegen Mobbing, persönliche Arbeitszeitmodelle, zu nennen. In der Sozialen Arbeit und weiteren Care-Berufen kommen zudem u.a. eine strukturell verankerte Supervision und Mediation, flexible Arbeitszeitmodelle insbesondere im Schichtdienst und Vertretungsregelungen in Krisendiensten hinzu.

Da Betriebe und Organisationen unterschiedlich und die Bedürfnisse der Belegschaft individuell und dementsprechend sehr heterogen sind, ist es erforderlich, Maßnahmen anhand der Schritte des PHAC von der Problemanalyse über die Planung, Umsetzung bis zur Bewertung einzuhalten und immer wieder neu zu überprüfen. Ein Erfolgsfaktor für passgenaue und wirksame Interventionen sowie die nachhaltige Implementierung in den Betrieb sind die Partizipation der Mitarbeitenden und die Verankerung der BGF sowohl in die Unternehmenspolitik als auch im Leitbild. Insgesamt kommt dem Führungsverhalten und der Beziehungsgestaltung im Kontext der BGF eine besondere Bedeutung zu, daher bieten viele Unternehmen Qualifizierungsprogramme für Führungskräfte und professionalisierte Feedbacksysteme an.

6.2 Gesundheitsförderung im Gesundheitswesen

Es liegt auf der Hand, dass Adressat*innen Sozialer Arbeit im Gesundheitswesen i.d.R. erkrankt sind und/oder von einer Behinderung betroffen sind. Gleichwohl hier der kurative Aspekt, die Gesundheit wiederherzustellen und Chronifizierungen zu vermeiden, im Fokus steht, stellt auch bei erkrankten oder von einer Behinderung bedrohten oder betroffenen Menschen Gesundheitsförderung eine wichtige Aufgabe dar. Hierbei geht es u.a. um die (Wieder-)Gewinnung von Ressourcen, Realisierung sozialrechtlicher Ansprüche und Schaffung von Zugängen zu Unterstützungssystemen, die einen unmittelbaren Einfluss auf die Möglichkeiten zur Entfaltung von Gesundheit im Alltag nehmen. Dies wird im Folgenden an einigen exemplarischen Beispielen erläutert.

Gesundheitsberatung

Gesundheitsberatung findet in verschiedenen Handlungsfeldern Sozialer Arbeit statt. Beispielsweise in der Beratung von Patient*innen im Krankenhaus (Krankenhaussozialdienst), der Sozialdienste in der Rehabilitation, Psychiatrie oder stationären Suchthilfe. Neben dem sogenannten Entlassmanagement, der Gewährleistung einer reibungslosen Entlassung in die Häuslichkeit oder Anschlussbehandlung, ist die Beratung zu sozialrechtlichen Ansprüchen, wie u.a. Rehabilitationsleistungen, Arbeit, Arbeitsunfähigkeit, Wiedereingliederung und Krankenversicherungsschutz, Aufgabe Sozialer Arbeit. Zudem vermittelt sie zwischen Patient*innen, Angehörigen und Ärzt*innen, der Pflege, Therapeut*innen und weiteren Gesundheitsfachberufen, insbesondere bei Verständnis- und Verständigungsproblemen, und eröffnet Zugänge zu Hilfe- und Unterstützungsangeboten in der Nachsorge, Häuslichkeit und Selbsthilfe. Außerdem findet Gesundheitsberatung in Angeboten der unabhängigen Patient*innenberatung (UPD) und ergänzenden unabhängigen Teilhabeberatung (EUTB) statt. Ziel der UPD und EUTB ist es, kostenfrei, niedrigschwellig und unabhängig von Leistungsträgern und -erbringern umfassende Informationen und individuelle Beratung in gesundheitlichen und gesundheitsrechtlichen Fragen bereitzustellen. Im Rahmen der EUTB zielt die Beratung zudem darauf ab, Leistungsberechtigten nach Bundesteilhabegesetz (BTHG) im sozialrechtlichen Dreieck oder dem Wunsch nach einem Persönlichen Budget zu stärken. Gesundheitsberatung ist damit eine subjekt-, lebenswelt-, teilhabe- und kompetenzorientierte Beratung, bei der die individuellen Ressourcen der Menschen wahrgenommen und anerkannt werden (Faltermaier 2002). Sie fragt danach, wie es eine Person bis jetzt geschafft hat, die Gesundheit im Alltag aufrechtzuerhalten und bei Erkrankung wiederzugewinnen, und interessiert sich dafür, wie gesundheitsbezogene Handlungsfähigkeit erweitert werden kann. Ziel der Gesundheitsberatung ist es, sensibel zu explorieren, um potenzielle Gesundheitskompetenzen zu identifizieren und die Compliance zu erhöhen (ebd.).

Beispielfragen zur Exploration von subjektorientierten Gesundheitsvorstellungen in der Gesundheitsberatung

1. Welches Wissen, welche Vorstellungen und welche Überzeugungen über Gesundheit und Krankheit hat Ihr Gegenüber?
2. Welchen Stellenwert hat Gesundheit im Alltag Ihres Gegenübers?
3. Welche Erfahrungen mit Gesundheit hat Ihr Gegenüber im Lebenslauf gemacht?
4. Welche gesundheitlichen Aktivitäten zeigt ihr Gegenüber im Alltag? Wie sieht seine/ihre Lebensweise mit Blick auf Gesundheit aus? Welche Formen des Gesundheitshandelns wurden und werden unternommen? Welche Kompetenzen zeigen sich in diesem Handeln und wo liegen Schwierigkeiten?
5. Sind gesundheitliche Aktivitäten sozial organisiert? Welche Unterstützung erhält er/sie aus dem sozialen Umfeld? Welche Hindernisse ergeben sich im sozialen Umfeld? Wie sieht sein/ihr soziales Netzwerk aus?
6. Wie lässt sich die Lebensweise Ihres Gegenübers beschreiben (Lebenssituation, zentrale Werte und Prioritäten im Leben)? Welche Einstellungen hat Ihr Gegenüber zu Expert*innenen im Gesundheitswesen? Welche Expert*innen werden aus welchen Gründen in Anspruch genommen?
7. Welches Wissen über Angebote des Gesundheitssystems ist vorhanden? Welche Kompetenzen zeigen sich aus den bisherigen Erfahrungen mit dem Gesundheitssystem Ihres Gegenübers?

Gesundheitsberatung, als eine professionelle psychosoziale Praxis mit einer Subjektperspektive, geht von einem positiven Gesundheitsbegriff nach salutogenetischen Ansatz der Förderung von Ressourcen und Kohärenz (► Kap. 2.3, ► Kap. 2.5) aus. Sie basiert auf der Grundhaltung des Empowerments und der Partizipation (► Kap. 3.3, ► Kap. 3.4). Adressat*innen werden in ihren subjektiven und sozialen Vorstellungen wahrgenommen und abgeholt, nicht ausschließlich mit Blick auf ihre Symptomatik und gesundheitlichen Befunde, um ihren Bedarf besser verstehen und angemessen intervenieren zu können (► Tab. 5).

Tab. 5: Exemplarische Darstellung der Möglichkeiten zur sensiblen Exploration von Ressourcen und Kohärenz in der Gesundheitsberatung nach dem Modell der Salutogenese (Antonovsky 1997) und Resilienz in Form von Regeneration, Resistenz und Rekonfiguration (Lepore/Revenson 2006).

Ziel: soziale Sicherung, Unterstützung und persönliche Förderung von Gesundheit	Regeneration (Recovery)	Resistenz (Resistence)	Rekonfiguration (Reconfiguration)
Verstehbarkeit	• Verstehe ich meine Erkrankung? Haben die Ärzte mir alles zu Symptomen gesagt? • Wie versorge ich jetzt meine z. B. pflegebedürftige Mutter? • Wenn das Geld knapp wird, können wir z. B. die Hausrate dann noch bezahlen? • Werde ich jetzt die Arbeit verlieren? Wie schaffe ich es zurück in die Arbeit? • Was heißt das alles für meine Selbstständigkeit/Autonomie?		
Handhabbarkeit	• War ich schon einmal in einer solchen Situation und wie habe ich sie damals bewältigt? • Was brauche ich für meine soziale Sicherung und die meiner An- und Zugehörigen? • Welche emotionale und praktische soziale Unterstützung brauche ich? • Was brauche ich, um die Krankheit zu bewältigen? • Wer oder was kann mir dabei helfen?		
Bedeutsamkeit	• Was habe ich als sinnvoll und nachvollziehbar für mich verstanden, damit ich weiß, was ich tun muss und was/wer mir wirklich hilft? • Welche Probleme sind für mich prioritär zu bearbeiten?		

Mit dem subjektorientierten Modell der Gesundheitsberatung ist eine erfolgreiche Gesundheitsarbeit immer auch Beziehungsarbeit, es geht darum, den Menschen gegenüber als Subjekt im Kontext seiner/ihrer diversen Lebenswelten zu verstehen und in dieser Eigenlogik zu respektieren, bevor Veränderungen von außen initiiert werden können (Faltermaier 2019).

Gesundheitsselbsthilfe

Eine Vielzahl von Belastungen, Erkrankungen und anderen gesundheitlichen Einschränkungen werden im sogenannten Laiengesundheitssystem im direkten Alltag bearbeitet (Faltermaier 2020). Diese informellen, sozialen Netzwerke leisten einen wichtigen Beitrag zur Gesundheitsförderung und Prävention, sie bieten Halt in emotional belastenden Lebenslagen, praktische Hilfen bei der Alltagsbewältigung, Bereitstellung von Hilfen oder Zugang zu niedrigschwelligen Dienstleistungen, Beratung und Unterstützung sowie Wertschätzung, Anerkennung und Bestätigung. Je nach Erwartung an das Ergebnis der sozialen Unterstützung werden unterschiedliche Personen(gruppen) im Laiensystem für unterschiedliche Hilfen zu Rate gezogen. Während gefühlsmäßig nahestehende Menschen i. d. R. auch eher für die emotionale Unterstützung gewählt werden (bspw. Familie, Freunde), werden Anlaufstellen in der Nachbarschaft, Gemeinde oder einem Sportverein eher für praktische und funktionale Unterstützungsleistungen aufgesucht.

Das Laiengesundheitssystem

Das Laiengesundheitssystem wirkt versteckt im Alltag und wurde wissenschaftlich gegenüber dem professionellen System lange Zeit übersehen. Es erbringt aber umfangreiche und nicht ersetzbare Leistungen zur Erhaltung der Gesundheit in konkreten Lebenszusammenhängen (Faltermaier 2020). Helfer*innen aus dem Laiengesundheitssystem unterstützen bei der

- Situationsdefinition, Lagekodierung und Orientierung
- nachträglichen Erklärung eingetretener gesundheitlicher Be- oder Entlastungen
- Vorhersage künftiger gesundheitlicher Risiken

- Entwicklung von Empfehlungen sowie der Handlungssteuerung und -leitung
- Stabilisierung und Optimierung des Selbstwerts

Der Vorteil der Laienhelfer*innen ist ihre große Alltagsnähe. Sie fördern den Zugang zu Hilfeleistungen und verfügen i. d. R. über ein gemeinsam getragenes ›lokales Wissen‹ bzw. ›lokale Theorien‹ (Wright 2010), die mit einem gemeinsamen Weltbild einhergehen.

Kritische Würdigung des Laiengesundheitssystems

Laienunterstützung kann sich mitunter auch kontraproduktiv auswirken, wenn Ideologien vertreten werden, die gesundheitsgefährdend sind (z. B. Coronaleugner*innen/Impfgegner*innen) oder Unterstützungen in ein Abhängigkeitsverhältnis drängen (z. B. Parentifizierung). Ebenso kritisch müssen gemeinsam geteilte Erfahrungen von Ausgrenzung oder Deprivation gesehen werden, wenn z. B. in bestimmten Milieus Vorbehalte zur Inanspruchnahme von bestimmten Hilfen vorherrschen (z. B. gegenüber psychosozialen Leistungen). In diesen Fällen ist es von besonderer Bedeutung, mit den Betreffenden gemeinsam Vorbehalte zu identifizieren und abzubauen und nach gesundheitsfördernden Strategien ausgehend ihrer Lebenswelt zu suchen. Es sollte vermieden werden, Expert*innenmeinungen aufzuzwingen. Das führt i. d. R. nur zu mehr Widerstand und missachtet zudem die lebensweltlichen Bezüge, in denen die Menschen tagtäglich leben, wohnen und arbeiten.

Ein möglicher Weg, das Laiengesundheitssystem zu stärken, aber dennoch anwaltschaftlich für die Menschen einzustehen, ist die Förderung von Selbsthilfe. In einer fachlich gezielten Unterstützung und Begleitung der Selbsthilfe steckt viel Potenzial, um Hilfen direkt vor Ort bei den Menschen zu platzieren. Die Aufgabe Sozialer Arbeit ist es, verantwortlich und koordinierend Rahmenbedingungen für die Förderung von Selbsthilfeangeboten bereitzustellen, konzeptionell und räumlich abzusichern und das Ehrenamt professionell bei den Angeboten der Selbsthilfe zu begleiten, z. B. durch Schulungen und Supervision.

Selbsthilfe

Gesundheitsbezogene Selbsthilfegruppen sind »freiwillige Zusammenschlüsse von Menschen [...], deren Aktivitäten sich auf die gemeinsame Bewältigung eines bestimmten Krankheitsbildes, einer Krankheitsfolge und/oder auch psychischer Probleme richten, von denen sie entweder selbst oder als Angehörige betroffen sind« (RKI 2015, S. 370)

In Deutschland gibt es bis zu 100.000 Selbsthilfegruppen zu mehr als 1.100 gesundheitsbezogenen, psychosozialen und sozialen Themen (ebd., S. 369). Selbsthilfeorganisationen sind heute nicht mehr aus der Gesundheitsversorgung wegzudenken. Sie können den Austausch und gegenseitige Hilfen innerhalb einer Community stärken, den Zugang zu Information und Hilfen erleichtern, betreiben Öffentlichkeitsarbeit und Interessenvertretung, bieten Gruppengemeinschaft und Geselligkeit, Wissenserwerb und gemeinsames Lernen und tragen zur Netzwerkbildung und Kooperation bei. Sie geben Hilfestellungen für die Alltagsbewältigung in besonderen Lebenslagen und bieten den Betroffenen sowie deren Angehörigen bei einer Krankheit oder einer Behinderung Halt und Perspektive (RKI 2015).

Die Förderung von Selbsthilfe stellt damit ein wesentliches und wichtiges Handlungsfeld Sozialer Arbeit zur Gesundheitsförderung dar. Soziale Arbeit und Selbsthilfe können als komplementäre Hilfssysteme verstanden werden, die eng aufeinander bezogen sind. Die Gesundheitsselbsthilfe verbindet individuelle, informell-soziale und formell-politische Aktivitäten zur Verhinderung von Erkrankungen auf der Ebene des Gemeinwesens und unterstützt mit einem breiten Spektrum von insbesondere Peer-to-Peer-Aktivitäten zur Bewältigung von Beschwerden.

6.3 Gesundheitsförderung in der Klinischen Sozialen Arbeit

In der Klinischen Sozialen Arbeit werden Menschen mit traumatischen Erfahrungen, Erfahrungen von (sexualisierter) Gewalt- und Missbrauch, Menschen in hochkomplexen bio-psycho-sozialen Problemlagen und teils bereits sehr langen Hilfebiografien beraten, unterstützt und begleitet (Kröger et al. 2023). Sie bietet die Möglichkeit, Adressat*innen aus dem ›hard-to-reach‹-Spektrum für Gesundheitsförderung zu erreichen, die von den gängigen Maßnahmen i. d. R. eher kaum profitieren. Klinische Soziale Arbeit zeichnet sich als eine spezialisierte Fachsozialarbeit mit besonderer Expertise in der vertrauensbildenden Beziehungsarbeit und differenziertem diagnostischem Fallverstehen (Soziale Diagnostik) aus. (Buttner et al. 2020, 2018) Gerade vor dem Hintergrund der schwer erreichbaren Zielgruppe spielen tragfähige professionelle Beziehungen zur Herstellung von Vertrauen und dem gemeinsamen Einlassen, im Sinne einer ko-produktiven Zusammenarbeit, eine wichtige Rolle, um gesundheitsfördernde Maßnahmen umzusetzen. Insbesondere der Prozess Sozialer Diagnostik, angefangen von der Anamnese, über die Analyse, Diagnostik, Interventionsplanung und -durchführung bis hin zur Evaluation, kann als Ausgangspunkt für Gesundheitsfördrung in der Lebenswelt dienen. Ressourcen und Risiken werden identifiziert und Partizipation und Empowerment gestärkt.

Prozesse Sozialer Diagnostik

Als Soziale Diagnostik wird das multiperspektivische Erfassen, Erklären und Verstehen von bio-psycho-sozialen Problemstellungen auf der Fachebene bezeichnet. Diese Prozesse sind wissens-, konzept- sowie methodengestützt und basieren auf berufsethischen Werten. Sozialdiagnostische Prozesse können gesundheitsfördernd wirken, da sie eine Auseinandersetzung und Verständigung zwischen Fachkraft und Klient*in über deren/dessen Lebenssituation und Bewältigungsstrategien initiieren. Sie regen an, ›sich selbst besser zu verstehen‹, und ermöglichen eine aktive Veränderung belastender Lebensumstände in Ko-Produktion.

In der psychosozialen Begleitung und Beratung von ›hard-to-reach‹-Adressierten ermöglicht ein differenziertes Fallverstehen, die Gesundheit marginalisierter Zielgruppen konstitutiv zu fördern.

Ein Beispiel aus der Praxis

Mit dem Gesundheitsförderungs- und Präventionsprojekt »STREETWORK+« rücken die BAHN-BKK und die Stiftung Off Road Kids erstmals junge obdachlose Menschen in den Vordergrund der Präventionsarbeit (weitere Informationen zu dem Präventionsprogramm befinden sich auf der Homepage der Stiftung: https://offroadkids.de/taetigkeiten-ergebnisse/streetwork-plus).

In Deutschland leben etwa 37.000 junge Menschen unter 27 Jahren ohne festen Wohnsitz. Das Leben auf der Straße ist häufig mit mangelhaften hygienischen Verhältnissen und einem stark erhöhten Infektionsrisiko verbunden, z. B. für sexuell übertragbare Erkrankungen oder auch Hautkrankheiten. Hinzu kommen der oftmals erhöhte Konsum legaler sowie illegaler Suchtmittel und das Risiko junger Frauen, (ungewollt) schwanger zu werden, u. a. auch infolge sexueller Ausbeutung bei defizitären Verhütungsmöglichkeiten.

»STREETWORK+« hat sich folgende Ziele gesetzt, die seit 2017 an den Standorten Berlin, Dortmund, Frankfurt am Main, Hamburg und Köln verfolgt werden:

1. Beratung, Aufklärung und Sensibilisierung zu milieuspezifischen Gesundheitsrisiken
2. Förderung eines individuellen Präventions- sowie eines gesundheitsbezogenen Verantwortungsbewusstseins im Rahmen der aktuellen Lebensumstände
3. Steigerung individueller Gesundheits- und Lebenskompetenzen
4. Befähigung zur kompetenten Inanspruchnahme von Strukturen des Gesundheitssystems

Grundlage des Angebotes ist die Arbeit von Streetworker*innen, die einen kontinuierlichen Zugang zu der Zielgruppe durch Verlässlichkeit und Vertrauen aufbauen. In ihrer Einzelfallberatung gehen sie ressourcenorientiert vor und achten auf eine größtmögliche Beteiligung der jugendlichen Obdachlosen. Ihre Angebote sind bedürfnisorientiert und freiwillig konzipiert. Durch einen differenzierten Prozess des diagnostischen Fallverstehens können sie Barrieren zur Inanspruchnahme medizinischer und präventiver Hilfen identifizieren, passgenauere Informationen bereitstellen, bei Bedarf zu ambulanten oder stationären Angeboten begleiten und mit der Kommune Strukturen zur nachhaltigen Gesundheitsförderung der Zielgruppe entwickeln.

Die Klinische Soziale Arbeit ist eine wichtige Akteurin in der Förderung der Gesundheit von ›hard-to-reach‹-Adressierten. Sie kann eine Nahtstelle bieten, um das Präventionsdilemma bei für Gesundheitsförderung schwer erreichbaren Menschen zu überwinden. Durch ihren niedrigschwelligen Zugang und einer ganzheitlichen ›Person-in-Environment‹- sowie bio-psycho-sozialen Perspektive trägt sie unmittelbar der Gesundheitsförderung in der Lebenswelt bei, auch wenn sie dieses Potenzial noch immer nicht hinreichend explizit benennt.

7 Aufsuchende und quartierbezogene Gesundheitsförderung

7.1 Aufsuchende Gesundheitsförderung in der Sozialen Arbeit

Lebensweltorientierte Soziale Arbeit sieht in ihrem Handlungskonzept sowohl Komm- als auch Geh-Strukturen vor, wobei in den Komm-Strukturen die Methoden meist vorbestimmt oder strukturiert sind und in den Geh-Strukturen an die jeweilige Situation angepasst werden. Entsprechend gibt es neben ortsgebundenen Angeboten in Jugendzentren, Krankhäusern oder Beratungsstellen in vielen Handlungsfeldern der Sozialen Arbeit aufsuchende Hilfen, also Angebote, die zu den Adressat*-innen bzw. Klient*innen gebracht werden (kommen). Dazu gehören insbesondere die mobile Jugendarbeit, aufsuchende Beratung (z.B. in Bezug auf Pflege, Teilhabe oder Familie), rechtliche Betreuung, die Familienhilfe, der Sozialpsychiatrische Dienst, Streetwork, aufsuchende Arbeit mit Sexarbeitenden sowie aufsuchende Hilfen in der Sucht-, Drogen und Wohnungslosenhilfe (angelehnt an Müller/Bräutigam 2024). Aufsuchende Angebote werden immer dann eingesetzt, wenn die bestehenden Komm-Strukturen nicht genutzt werden (können) oder sich für bestimmte Zielgruppen als unwirksam erweisen. Die Gründe, die dazu führen, dass Menschen Angebote nicht wahrnehmen oder von diesen nicht erreicht werden, sind vielfältig. Neben dem Umstand, möglicherweise nicht ausreichend mobil zu sein, spielen Aspekte wie mangelnde Information über Angebote, Ängste und Vorbehalte oder Scham, Ressentiments oder Stigmatisierung eine Rolle. Zudem kann auch die Tatsache, dass eine Hilfe in Settings stattfinden muss, um z.B. eine Problemanalyse vornehmen zu können und die zu erarbeitende Lösung an das Setting bzw. den Sozialraum anzupassen, relevant sein. Ziel der aufsuchenden Hilfen ist, »versteckte[n] und unterversorgte[n] Bevölkerungsgruppen, die das Sozialsystem nicht erreicht«, sowie »marginalisierte[n] oder von sozialem Ausschluss bedrohte[n] Menschen« (Creutzburg et al. 2024, S. 22 f.) Zugang zu sozialen Hilfen bzw. Hilfesystemen sowie sozial- und wohlfahrtsstaatlichen Unterstützungen und Leistungen zu verhelfen.

Die Bezüge der verschiedenen Arbeitsfelder bzw. Hilfsangebote zur Gesundheitsförderung sind mehr oder weniger explizit. Darüber hinaus unterscheiden sich die Angebote dahingehend, dass viele Handlungsfelder darauf ausgerichtet sind oder Teilleistungen erbringen, die eher der präventiven Arbeit zuzurechnen sind. Beispiele dafür sind das Zurverfügungstellen von Kondomen im Rahmen der Arbeit mit Sexarbeiter*innen (► Kap. 6.3) oder von sterilen Spritzen und bzw. oder Drogenkonsumräumen für Menschen mit einer Suchterkrankung sowie die Vermittlung in Substitutionsprogramme oder auch das Aufsuchen von ehemaligen Psychiatrie-Patient*innen im Sozialpsychiatrischen Dienst. Die genannten Angebote beziehen sich in diesem Zusammenhang auf die Individuen, also die Adressat*innen. In diesem Kontext agieren die Sozialarbeiter*innen selbst als Ressource für die Adressierten und sind so in der Lage, ihre Gesundheit zu fördern. Darüber hinaus können sie durch Beratung, gesundheitliche Aufklärung oder Psychoedukation das gesundheitsbezogene Wissen erweitern oder stärken sowie das selbstbestimmte Handeln unterstützen. Auch diese Handlungen beziehen sich allerdings unmittelbar auf die Adressierten.

Ein Beispiel aus der Praxis

Viele Problemlagen haben soziale oder auch räumliche Ursachen. Sie finden an bestimmten Orten statt und können diese zudem verändern. Ein Beispiel ist die Drogenszene, in der Menschen sich an bestimmten Orten aufhalten, wo Drogen gut zu beschaffen und ungesehen zu konsumieren sind. Der Aufenthalt vieler konsumierender Menschen an einer Stelle kann dann womöglich dazu führen, dass die Bevölkerung den Ort meidet oder die Polizei stark präsent ist. Diese räumliche

Nutzung kann zu weiteren sozialen oder räumlichen Veränderungen führen, wie z. B. eine Kameraüberwachung oder das Entfernen von Bänken, um zu verhindern, dass Menschen diese als Liegeplatz nutzen.

Entsprechend ist die aufsuchende Soziale Arbeit insbesondere gefordert, soziale und räumliche Bedingungen in ihrer wechselseitigen Beeinflussung zu verstehen (► Kap. 3.2). Gesundheitsförderung in der aufsuchenden Sozialen Arbeit bedeutet, den Raum, in dem die Menschen leben, als Handlungsinstrument und mit seiner Logik zu nutzen. Dabei werden u. a. individuelle Verhältnisse wie Wohnraum (Mikroebene), Nachbarschaft oder Quartier (Mesoebene) und lokale Herkunft, Milieus, Stadt und Region (Makroebene) mit einbezogen. Dies kann dabei auf einer oder mehreren Ebenen und Sektoren (Mehrebenenansatz) erfolgen (► Kap. 1.4). Die Entwicklung von Maßnahmen bzw. Interventionen bezieht folglich die soziale Situation auf den genannten Ebenen analytisch mit ein, um Adressat*innen in ihrem Sozialraum aus einer konstruktivistischen Perspektive besser für Gesundheitsförderung zu erreichen, ohne dabei seine Effekte, wie z. B. Bedeutung und Funktion für das Individuum, zu vernachlässigen. Aufsuchende Gesundheitsförderung könnte z. B. danach fragen, wo Familien mit potenziellem Bedarf an Frühen Hilfen oder jugendliche Konsument*innen ihren Alltag verbringen und wie sie von Maßnahmen und Angeboten niedrigschwellig erreicht werden könnten.

7.2 Stadtteil- oder quartiersbezogene Gesundheitsförderung in der Sozialen Arbeit

Neben individuellen aufsuchenden Angeboten kann Gesundheitsförderung in der Sozialen Arbeit auch stadtteil- oder quartiersbezogen stattfinden. Ein Quartier stellt dabei eine Einheit zwischen einer Reihe oder einem Block Häusern und einem Stadtteil dar. Hierbei wird erneut von einer sozialen Konstruktion ausgegangen, die den Aufenthaltsbereich oder die Sphäre umfasst, in der sich einzelne Personen aufhalten (▶ Kap. 3.2). Soziale Arbeit im Stadtteil oder Quartier bedient die Bedarfe aller dort lebenden Menschen und agiert folglich im Sinne vielfältiger und nicht selten auch konfligierender Quasi-Gruppen. Dabei handelt es sich i.d.R. um Gruppen von Personen, die ein Merkmal teilen, z.B. Senior*-innen, Kinder, Geflüchtete oder Mitglieder eines Fußballclubs. Soziale Arbeit agiert, wenn sie sozialraumbezogen arbeitet, folglich auf verschiedenen Ebenen der sozialen Determinanten der Gesundheit gleichzeitig. Sie fördert Integration und Teilhabe aller sozialer Gruppen, vermittelt zwischen ihren Interessen und versucht, möglichst breit Gesundheitspotenziale innerhalb eines Quartieres zu stärken. Konfliktreich könnten dabei z.B. gemeinsam genutzte Grünflächen der o. g. Zielgruppen sein oder auch Angebote der Drogenhilfe oder psychosozialen Beratung, wenn Bewohner*innen damit Befürchtungen, wie eine steigende Kriminalität oder Stigmatisierung des Stadtteils, verbinden.

Stadtteil- und quartiersbezogene Gesundheitsförderung macht sich die Ressourcen der verschiedenen Akteur*innen im Sozialraum in ihrer Verschiedenheit zunutze, mit dem Ziel, integrierte kommunale Strukturen (▶ Kap. 1.4, ▶ Kap. 3.8) im lokalen Nahraum der Bewohner*innen zu fördern. Soziale Arbeit aktiviert demnach durch Erhöhung von Teilhabe und Vernetzung innerhalb des Sozialraums bzw. Quartiers diese Ressourcen und fördert so u.a. die Gesundheit der Bewohner*innen. Durch die Stärkung von Sozialräumen und Quartieren ergeben sich folglich vielfältige Chancen, die insbesondere im Zusammenspiel von verschiedenen Disziplinen, aber auch anderer Angebote, seien sie in Komm- oder Geh-Strukturen organisiert, ihre volle Wirkung entfalten können. So entsteht insbesondere durch Vernetzung von Angeboten ein großes Potenzial für die Gesundheitsförderung (siehe z.B. Quilling/Müller 2017).

Auf den Punkt gebracht

Gesundheitsförderung in der Sozialen Arbeit erstreckt sich über Handlungsbereiche im Sozial-, dem Gesundheitswesen und der Klinischen Sozialen Arbeit. Zusammenhänge von Armut, sozialer Ausgrenzung, besonderer Belastungen und hoher Vulnerabilität sowie damit verbundenen Verwirklichungschancen legen nahe, Gesundheitsförderung als genuinen Auftrag Sozialer Arbeit zu betrachten und in der Praxis geeignete Konzepte und Methoden zu entwickeln. Eine Orientierung in der Planung, Implementierung, Durchführung und Evaluation von Maßnahmen bieten die Handlungsformen der Einzelfall-, Gruppen- und Gemeinwesenarbeit sowie der Public Health Action Cycle (PHAC).

Dabei liegt der Sozialen Arbeit das Potenzial inne, Lebenslagen und Lebensphasen ihrer Adressat*innen konsequent in den Blick zu nehmen. Gesundheitsförderung orientiert sich an den subjektiven Perspektiven der Menschen und versucht, durch einen Verstehens- und Verständigungsprozess gesundheitsbezogene Agency (Handlungsmacht) zu stärken.

Reflexionsfragen

- *Inwieweit unterscheiden sich Handlungsbereiche gesundheitsbezogener Sozialer Arbeit* voneinander?
- Welche Aufgaben übernimmt die Soziale Arbeit in der Gesundheitsförderung mit Blick auf Kooperation, Vernetzung, Partizipation und Empowerment?
- Welche Aufgaben kann und sollte die Sozialer Arbeit nicht in der Gesundheitsförderung übernehmen? Und warum?
- Überlegen Sie sich für eine der drei Handlungsformen (Einzelfall-, Gruppenarbeit und Gemeinwesenarbeit bzw. Sozialraumorientierung) ein Beispiel für eine Maßnahme zur Gesundheitsförderung in der Sozialen Arbeit.
  - Was ist das relevante und zu bearbeitende Praxisproblem (Ausgangslage)?
  - Was soll mit der Maßnahme erreicht werden (Ziel)?
  - An wen richtet sich die Maßnahme (Adressat*innen)?

- In welchem Handlungsfeld und anhand welcher sozialrechtlichen Rahmenbedingungen soll die Maßnahme umgesetzt werden (institutioneller Rahmen)?
- Wie wird die Ziererreichung und Wirksamkeit der Maßnahme überprüft (Evaluation)?

- Nehmen Sie in einem zweiten Schritt die »good practice«-Kriterien zur soziallagenbezogenen Gesundheitsförderung hinzu (www.gesundheitliche-chancengleichheit.de/good-practice-kriterien/):
  - Lesen Sie die ausgewählten Kriterien durch. Wie können Sie die von Ihnen konzeptionell geplante Maßnahme weiterentwickeln, um den ausgewählten »good practice«-Kriterien gerecht zu werden?
  - Welche der Kriterien soll ihre Maßnahme erfüllen?

Weiterführende Literatur

Giertz, Karsten/Große, Lisa/Gahleitner, Silke B. (2021): Hard to reach: schwer erreichbare Klientel unterstützen. Köln: Psychiatrie Verlag.

Rademaker, Anna Lena (2020): Gesundheitsförderung: ein fachlicher Standard in der Kinder- und Jugendhilfe. In: Liel, Katrin/Rademaker, Anna Lena (Hrsg): Gesundheitsförderung und Prävention – quo vadis Kinder- und Jugendhilfe? Eine Bilanz 10 Jahre nach dem 13. Kinder- und Jugendbericht. Weinheim/München: Beltz Juventa, S. 184–198.

van Rießen, Anne/Bleck, Christian (2023): Handlungsfelder und Adressierungen Sozialer Arbeit. Stuttgart: Kohlhammer.

Relevante Schwerpunkthefte in der Zeitschrift für Klinische Sozialarbeit

Hinweis: Ausgaben der Klinische Sozialarbeit – Zeitschrift für psychosoziale Praxis und Forschung stehen ein Jahr nach der Veröffentlichung dauerhaft kostenfrei über den ZKS Verlag zur Verfügung.

Familien mit einem psychisch erkrankten Elternteil. Ausgabe 4/2024. Klinische Sozialarbeit – Zeitschrift für psychosoziale Praxis und Forschung.

Psychosoziale Arbeit mit Angehörigen. Ausgabe 3/2022. Klinische Sozialarbeit – Zeitschrift für psychosoziale Praxis und Forschung.

Stärkenorientiertes Case Management in der psychiatrischen Versorgung von hard-to-reach-Klient*innen. Ausgabe 1/2020. Klinische Sozialarbeit – Zeitschrift für psychosoziale Praxis und Forschung.

Internetseiten

Kooperationsverbund Gesundheitliche Chancengleichheit (Hrsg.). (2021). Kriterien für gute Praxis der soziallagenbezogenen Gesundheitsförderung, 4. Aufl. [online] Link: www.gesundheitliche-chancengleichheit.de/good-practice/ [letzter Zugriff am 06.08.2024].

8 Gesundheit besser erkennen, verstehen, analysieren – Forschungsmethoden für die Praxis

Überblick

In diesem Kapitel wird ein Einblick in Methoden zur Erforschung von Gesundheit für die Praxis der Sozialen Arbeit in der Gesundheitsförderung gegeben. Orientiert am Erkennen, Verstehen und Analysieren sollen exemplarische Ansätze verdeutlicht und Hinweise zur vertiefenden Auseinandersetzung gegeben werden. Darüber hinaus wird auf den für die Gesundheitsförderung in der Sozialen Arbeit sehr relevanten Ansatz der Partizipativen Gesundheitsforschung verwiesen. Dieser verbindet forschende mit interventionistischen Ansätzen und eignet sich daher besonders für die Praxis, aber auch empirische Sozialforschung insgesamt.

Die Rolle von Forschungsmethoden in der gesundheitsbezogenen Sozialen Arbeit ist eng mit dem unmittelbaren professionellen Handeln (Handlungsmethoden) verknüpft. Insbesondere um die Lebenslagen von Menschen sowie ihren Gesundheitszustand multiperspektivisch zu erfassen, können verschiedene Formen von vorhandenen Forschungsdaten hinzugezogen, aber auch eigene Daten erhoben werden. Dabei kann bereits die Datenerhebung mit Interventionen verbunden sein. In der partizipativen Gesundheitsforschung kann sie bspw. Teil von Strategien der Gesundheitsförderung sein: z. B. durch eine Sozialraumanalyse mit Bewohner*innen eines Quartiers über Orte, an denen sie sich wohl oder unwohl fühlen. Zugleich können die Bedarfe der Zielgruppen dieses Quartiers auch anhand der Einwohnerstatistik abgeleitet werden. So lassen sich diese soziodemografischen Merkmale mit subjektiven Erkenntnissen über »Wohlfühlorte« in Beziehung setzen und Forschungserkenntnisse bereichern. Die Ergebnisse könnten anschließend diskutiert und dabei Reflexionsprozesse sowie eine Auseinandersetzung mit Gesundheit in dem Sozialraum bei den Betroffenen angeregt werden (Intervention).

Forschungsmethoden liegt, im Gegensatz zu Handlungsmethoden, zuvorderst das Ziel der Erkenntnisgewinnung über Sachverhalte oder Problemlagen zugrunde. Handlungsmethoden haben i.d.R. eher zum Ziel, Probleme in ihrer Komplexität, d.h. auch auf Basis von verschiedenen Informationsquellen, zu erfassen und mit passenden Interventionen zu bearbeiten.

8.1 Forschung in der Gesundheitsförderung

Fragestellungen in der Gesundheitsförderung richten sich insbesondere auf die Umstände, unter denen die Gesundheit von Menschen entsteht (z.B. zu sozialen Determinanten). Sie dient dazu, die gesundheitliche Situation, Bedingungen und Folgen von gesundheitlicher Ungleichheit aufzudecken, Zugänge und Barrieren zu Versorgungsstrukturen zu eruieren und Erkenntnisse über die Inanspruchnahme von präventiven und gesundheitsförderlichen Angeboten zu generieren. Die Zugänge, um Gesundheit im Alltag der Menschen besser zu erkennen, zu verstehen und zu analysieren, reichen dabei von Fragebögen über Interviews und Gruppendiskussionen bis hin zu Sozialraum- und Netzwerkanalysen oder partizipativen Methoden wie einem Zukunfts- oder Visionsworkshop und Walking-Interviews.

Wenn Praktiker*innen sich wenig routiniert in der Anwendung von forschungsorientierten Methoden fühlen, können sie die Expertise über wissenschaftliche Qualitätsstandards empirischer Sozialforschung und der Durchführung wissenschaftlich fundierter Analysen über bspw. Hochschulen oder Forschungsinstitute hinzuzuziehen. Eine besonders fundierte Arbeit empfiehlt sich insbesondere dann, wenn die Erkenntnisse zur Beantragung von Projekten (z.B. nach § 20a PrävG) oder Rechtfertigung von neuen Maßnahmen gegenüber Fördermittelgebern verwendet werden sollen. Das soll aber nicht davon abhalten, sondern viel mehr dazu ermutigen, sich forschungsorientierter Methoden in der Praxis anzunähern und sie anzuwenden. Sie können helfen, die eigene Praxis in kritischer Distanz zu analysieren und passgenaue Interventionen abzuleiten. Insbesondere in der Gesundheitsförderung stehen hierfür eine Vielzahl forschungsmethodischer Zugänge zur Verfügung, von denen im Folgenden nur eine exemplarische Auswahl dargestellt werden kann (einen vertiefenden Überblick bieten Ohlbrecht/Bartel 2020; Hartung et al. 2020). Insofern sind Forschungsmethoden in der gesundheitsbezogenen Sozialen Arbeit insbesondere Grundlage der Vergewisserung über soziale und gesundheitsbezogene Lagen von Adressat*innen und Klient*innen in den jeweiligen Praxisfeldern und damit ebenfalls Grundlage für professionelles Handeln.

8.2 Erkennen und Beschreiben

Die neben dem Dialog und Austausch mit Akteur*innen einfachste Form der Eindrucksbildung in Bezug auf die soziale und gesundheitliche Lage bestimmter Bevölkerungsgruppen ist die systematische Sichtung bestehender Untersuchungen. Hier bieten sich insbesondere Bevölkerungsstatistiken oder auch die Gesundheitsberichterstattung (► Kap. 1.2) an. Die vorhandenen Statistiken lassen sich zur Eindrucksbildung in Bezug auf bestimmte Settings, Ressourcen und Schutzfaktoren, aber auch zu allgemeinen soziodemografischen Daten von Adressat*innen und ihrer Prävalenz für bestimmte Risiken nutzen. Darüber hinaus bieten sie Einblick in regionale Versorgungsstrukturen sowie Angebote von interprofessionellen Kolleg*innen (wie z.B. in den Frühen Hilfen).

Um die Statistiken verstehen und interpretieren zu können, sind insbesondere drei Aspekte kritisch in den Blick zu nehmen: (1) Die Datenerhebung und Auswertung, (2) der deduktive Schluss auf die Zielgruppe sowie (3) die Unterscheidung zwischen dem subjektiven Erleben der Zielgruppen und den Merkmalsverteilungen von Statistiken.

1. Zunächst ist zu beachten, in welchem Rahmen und von wem die Daten, wie bzw. mit welchen Instrumenten, an welchem Personenkreis bzw. mit welcher Stichprobe, unter welchen Bedingungen erhoben und ausgewertet sowie interpretiert wurden.
2. Der zweite zu beachtende Aspekt ist der deduktive Schluss auf die Merkmalsausprägungen der Adressat*innen. Hierbei sollte man sich die Frage stellen, inwiefern bzw. in welcher Weise die Daten auf die jeweilige Zielgruppe übertragbar sind oder an welcher Stelle möglicherweise auch Einschränkungen der Übertragbarkeit gegeben.
3. Der letzte Punkt ist, dass die Daten, selbst dann, wenn sie vielleicht die Merkmalsverteilung im Setting widerspiegeln, nicht zwingend dem subjektiven Erleben der Zielgruppe entsprechen müssen. Sie können ebenso über eine bestimmte Bevölkerungsgruppe erhoben worden sein, ohne ihre Sichtweise bei der Datenerhebung zu beachten.

Neben bereits vorhandenen Statistiken und Studien lassen sich auch eigene Untersuchungen konzipieren und durchführen. Hierbei bietet sich an, auf vorhandene und evaluierte Erhebungsinstrumente zurückzugreifen. Einerseits erhöht dies die sog. Reliabilität, also wie zuverlässig bestimmte Merkmale gemessen werden, und andererseits die Vergleichbarkeit mit bereits vorhandenen Daten. Bei der Durchführung von eigenen Erhebungen sollten die Akteure auf die Einhaltung der jeweiligen Gütekriterien empirischer Sozialforschung achten und sich ggf. Unterstützung von Hochschulen oder Forschungsinstituten holen (s. o.).

8.3 Verstehen

Neben der Beschreibung der Merkmale bzw. Merkmalsverteilungen bei Zielgruppen Sozialer Arbeit lassen sich auch rekonstruktive, d. h. auf das

Verstehen der Perspektiven befragter Personen gerichtete Methoden einsetzen. Mit diesen Methoden werden qualitative Daten generiert. Hierbei stehen die subjektiven Perspektiven, Vorstellungen und Deutungen Befragter im Fokus, und wie sie ihre Welt wahrnehmen und interpretieren. Die am häufigsten verwendeten Erhebungsverfahren sind Interviews (siehe u.a. Helfferich 2011). Dabei reichen die qualitativ gewonnenen Forschungsdaten von teilstandarisiert, z.B. bei leitfadengestützten Interviews mit mehreren Frageblöcken, bis offen, wenn z.B. nur ein narrativer Erzählimpuls gesetzt wird *(»Erzählen Sie mal, was bedeutet für Sie eigentlich gesund zu leben?«)*. Die Datenauswertung erfolgt anhand eines breiten Spektrums von Analysemethoden, die wiederum eher deduktiv, wie z.B. die Inhaltsanalyse, bis hin zu sinndeutend und rekonstruktiv, wie z.B. die Grounded Theory oder Objektive Hermeneutik, vorgehen (für einen Überblick siehe u.a. Przyborski/Wohlrab-Sahr 2021; Kleemann et al. 2013). Bei der Gesundheitsförderung in der Sozialen Arbeit sind entsprechende Ansätze vor allem deshalb wichtig, weil Gesundheitshandeln, wie alle menschlichen Interaktionen, aus komplexen Wahrnehmungs-, Bewertungs- und Deutungsmustern entsteht (▶ Kap. 1.1). Diese Muster zu verstehen, kann vor allem dabei helfen, Interventionen nicht nur auf (objektive) Bedarfe im oben genannten Sinne, sondern auch die Bedürfnisse von Menschen auszurichten und auf ihre subjektiv wahrgenommenen Lebensumstände abzustimmen. Zudem ermöglichen rekonstruktive Methoden, Gesundheitsrisiken und -gefährdungen aufzudecken, die rein objektiv betrachtet häufig nicht erkannt werden können, aber weitreichenden Einfluss auf die Gesundheit im Alltag nehmen.

Neben den bereits benannten Interviews lassen sich die subjektiven Perspektiven, Deutungen oder Meinungen zur Gesundheit und ihrer Förderung durch verschiedene weitere Methoden aus unterschiedlichen Blickwinkeln beleuchten. Wenn sich z.B. bestimmte Risikogruppen oder bestimmte Risiken in einem Stadtteil ballen, kann es von Interesse sein, diese Personengruppen kollektiv zu befragen, wie sie ihre eigene Situation wahrnehmen, um u.a. milieuspezifische Einflüsse besser zu verstehen. Hierzu können Gruppendiskussionen oder Fokusgruppen durchgeführt werden. Diese fokussieren auf die Rekonstruktion gemeinsamer bzw. milieuspezifische Wissensbestände (siehe hierzu u.a. Bohnsack et al. 2010). Diese Verfahren werden häufig gewählt, wenn es um geteiltes

Wissen von Personen geht, z. B. von Jugendlichen eines Quartiers oder in Obdachlosigkeit lebenden Personen eines bestimmten Stadtteils. Es wird damit nicht nur die individuelle subjektive Wahrnehmung zu bspw. gesundheitsfördernden Maßnahmen erfragt, sondern darüber hinaus werden Erkenntnisse zu kollektiv getragenen Einstellungen oder auch Vorbehalten generiert.

Neben diesen eher klassischen Methoden der qualitativen Sozialforschung kann es für die Soziale Arbeit auch von Interesse sein, Menschen in ihren alltäglichen Interaktionen in der sogenannten ethnografischen Feldforschung zu beobachten (siehe hierzu u. a. Breidenstein et al. 2015). Hierbei können Forschende als Teil einer Gruppe auftreten (teilnehmende Beobachtung), z. B. durch Übernahme einer Rolle wie der Hospitation, oder sich verdeckt halten, wie bspw. durch eine Beobachtung von Kindern auf einem Schulhof oder Spielplatz oder von Besucher*innen eines Quartierscafés. Dieser Zugang ist in der Sozialen Arbeit von besonderem Interesse, da Menschen ihre Alltagshandlungen nicht zwangsweise bewusst und hinsichtlich ihrer gesundheitsbezogenen Wirkungen vollziehen. In Beobachtungsverfahren können mitunter Handlungsweisen deutlich werden, die den handelnden Personen selbst möglicherweise gar nicht klar sind, aber dennoch ihre Gesundheit im Alltag unbewusst beeinflussen. Ein Beispiel sind subtile Zugangsbarrieren zu Maßnahmen der Gesundheitsförderung, wenn z. B. Bewohner*innen eines Hochhauses präventive Angebote nicht wahrnehmen, wenn diese in Gebäuden stattfinden, die zu anderen Hochhäusern gehören, oder als stigmatisierend wahrgenommen werden.

Darüber hinaus stehen der Sozialen Arbeit weitere rekonstruktive Verfahren, wie Sozialraumanalysen, Netzwerkkarten, biografischen Zeitbalken, Ressourcencharts u. v. m. zur Verfügung, mittels derer verschiedenen Fragestellungen zur bedarfsgerechten Planung, Umsetzung und Durchführung gesundheitsfördernder Maßnahmen nachgegangen werden kann.

8.4 Analysieren

Wie bereits erwähnt, dienen Forschungsmethoden der Praxis nicht nur zur Datenerfassung, sondern auch zur Analyse und Verdichtung der gesammelten Informationen. In klassischen Lehrbüchern werden quantitative und qualitative Analyseverfahren voneinander unterschieden. Ohne dies in Frage zu stellen, können darüber hinaus weitere Unterscheidungen vorgenommen werden.

So kann zunächst differenziert werden zwischen Analyseverfahren, die von Wissenschaftler*innen oder Fachpersonen angewendet werden, und solchen, in denen die Auswertung nicht (nur) durch Fachpersonen erfolgt, sondern die Ergebnisse gemeinsam mit Adressat*innen ausgewertet oder auch diskutiert werden. Mit Beteiligten kann z. B. im Rahmen einer Intervention die Konstruktion von Fragebogeninstrumenten erfolgen oder auch die Ergebnisse der Vor- und Nachbefragungen ausgewertet und diskutiert werden. Als sinnvoll erweist sich eine multiperspektivische und ggf. auch multimethodische Kombination zur Erfassung der Sichtweisen von Adressierten und Fachkräften, um anschließend deren verschiedene Deutungen miteinander in Bezug zu setzen.

Allen methodischen Vorgehensweisen gemein ist jedoch eine zugrunde liegende Forschungsfrage oder ggf. auch Hypothese (bei quantitativen Untersuchungen), bevor man in das Forschungsfeld geht. Anhand der untersuchungsleitenden Fragestellung werden im ersten Schritt Perspektiven durch die gewonnenen Daten erweitert und damit die Komplexität von Phänomenen, wie bspw. gesundheitlicher Ungleichheit, erhöht. Es soll über das (fachliche) Alltagswissen hinausgegangen und ein breiteres Gesamtbild erfasst werden, um die oft nur implizit wahrnehmbaren Zusammenhänge und Wechselwirkungen von verschiedenen Merkmalen im Hinblick auf die Gesundheitschancen zu identifizieren.

Im zweiten Schritt werden die identifizierten Phänomene wieder verdichtet, um eine schlüssige, fachliche fundierte Bewertung des erhobenen Gesamtbildes vorzunehmen. Daraus leitet sich eine Fallthematik ab, die als Grundlage zur Entwicklung von Handlungsempfehlungen und konkreten Maßnahmen dient. Es ist von großer Relevanz, in diesen Schritten methodengeleitet und systematisch vorzugehen, um valide, d. h. wissenschaftlich fundierte und damit gültige Ergebnisse zu erzielen, die auch den Kriterien von z. B. Fördermittelgebern gerecht werden.

Im Zuge von empirischen Untersuchungen lassen sich, neben dem oben genannten Grad der Einbeziehung verschiedener Akteure, theoriegeleitete Analyseverfahren von rekonstruktiv-fallverstehenden differenzieren (Hochuli Freund/Stotz 2021, S. 185–230). Dabei kann es sich z. B. um statistische Erkenntnisse über Gesundheitsressourcen oder -risiken handeln (▶ Kap. 2.2) oder milieuspezifische Umgangsformen mit der Gesundheit im Alltag (▶ Kap. 1.1). Ziel der Analyse ist es, die eigenen erhobenen Daten mit den theoretischen Erkenntnissen abzugleichen, um Unterschiede (kontrastiver Vergleich) und Gemeinsamkeiten zu identifizieren sowie die Validität eigener Daten zu erhöhen.

In rekonstruktiven (qualitativen) Verfahren werden die Daten nach einer fallverstehenden Logik analysiert. Hierbei wird davon ausgegangen, dass die Lebens- und Gesundheitswelten untersuchter Personen(gruppen) den Fachkräften und Forschenden fremd sind und sie diese für ein besseres Verständnis aus ihrer subjektorientierten Perspektive re-konstruieren müssen (Przyborski/Wohlrab-Sahr 2021; Kleemann et al. 2013). Zugrunde liegt die Annahme, dass Menschen ihren Alltag aufgrund ihrer Sozialisation, biografischen Erfahrungen, dem Kontext und Milieu, in dem sie aufwachsen, konstruieren. Ziel der Analyse ist es, diese Konstruktionen anhand verschiedener Forschungsmethoden zu rekonstruieren. Häufig werden die gewonnenen Erkenntnisse im Anschluss an eine rekonstruktive Analyse aber auch mit theoretischen Wissensbeständen verglichen, um die Erkenntnisse zu verdichten.

8.5 Partizipative Gesundheitsforschung und -förderung

Als Partizipative Gesundheitsforschung werden Untersuchungen bzw. Untersuchungsdesigns bezeichnet, in denen die zu beforschenden Personen statt als Forschungsobjekte als Forschungssubjekte betrachtet und in dieser Weise als Akteur*innen oder Mitforschende in die Untersuchungen eingebunden werden (Hartung et al. 2020).

Der partizipative Forschungsansatz

Der partizipative Forschungsansatz unterscheidet sich von Forschungs*methoden* dadurch, dass eine partizipative Haltung vorausgesetzt wird. Diejenigen, über deren Lebenssituationen, Strukturen oder Arbeitsweisen man etwas wissen will, analysieren Probleme und Fragestellungen gemeinsam mit Forschenden. Die partizipative Haltung konkretisiert sich darin, dass gesellschaftliche Probleme mit der Gesellschaft und nicht aus der Wissenschaft heraus definiert, gemeinsam erforscht und gemeinsam Lösungen gefunden werden. Die Grenzen zwischen Forschenden und Beforschten fließen ineinander und unterschiedliche Wissensformen (Erfahrungs-, Expert*innen-, akademisches Wissen) werden gleichberechtigt behandelt (Alisch, 2021; Hartung et al., 2020; von Unger, 2014).

Der Grad der Einbindung kann dabei unterschiedlich ausgeprägt sein (▶ Kap. 3.3). In der Partizipativen Forschung stehen neben dem klassischen Ziel des Erkenntnisgewinns empirischer Sozialforschung insbesondere Motive der Verringerung von hierarchischen Machtverhältnissen und in diesem Zuge das Empowerment im Fokus (▶ Kap. 3.4). In der Partizipativen Gesundheitsforschung wird Forschung als Teil von Demokratisierung und Gesellschaftsbildung verstanden und danach gestrebt, Menschen in den Phasen der Entwicklung von Fragestellungen, der Datenerhebung, -auswertung sowie Ableitung von Handlungsempfehlungen und Maßnahmen zur Gesundheitsförderung teilhaben zu lassen. In diesem Sinne kann die Forschung auch als interventionistisch verstanden werden. In der aktiven Einbindung Betroffener finden bereits in der Phase der Erforschung Prozesse der Gesundheitsförderung statt (Wright 2010; Hartung et al. 2020).

Entsprechend beginnen partizipative Forschungsprojekte i. d. R. damit, (1) ein bestimmtes Kernthema und zu beteiligende Akteursgruppen zu finden. Nachdem der Einstieg gefunden wurde, werden (2) gemeinsame Ziele vereinbart. Dazu gehört zudem das Forschungsdesign der Studie, eine Verständigung über den Grad der Einbindung der beteiligten Akteure, wenn Co-Forschende ins Feld gehen sollen, ihre Schulung sowie Beteiligung weiterer Personen(gruppen) wie z.B. kommunale Vertreter*innen. Darauf folgen (3) eine Datenerhebung und (4) die anschließende Analyse gewonnener Daten. In der Partizipativen Gesundheitsforschung werden zur Datenerhebung und -analyse häufig Methoden verwendet, die parallel zum Ziel haben, Menschen einzubinden und zu aktivieren, wie z.B. Zukunftskonferenzen oder auch performative Ansätze mit Kunst oder Medien. Ergebnisse partizipativer Forschungsprozesse werden, neben klassischen Publikationen, i.d.R. zudem öffentlichkeitswirksam z.B. in Social-Media-Netzwerken, kommunalen Newslettern, Stadtteilzeitungen oder der Lokalpresse veröffentlicht und haben zum Ziel, in lokale Maßnahmen überführt zu werden. Charakteristisch ist es, partizipative Untersuchungen als prozessorientiert zu verstehen, aus den generierten Erkenntnissen und Maßnahmen folgen i.d.R. weitere Aktivitäten der Forschung oder Intervention.

Die Anwendung von Methoden Partizipativer Gesundheitsforschung kann kontextabhängig und flexibel gestaltet, z.B. an die Kompetenzen beteiligter Akteure und Co-Forschender angepasst werden. Dabei ist jedoch zu beachten, dass die Gütekriterien empirischer Sozialforschung auch in der partizipativen Forschung zu beachten und anzuwenden sind. Es wäre fatal, wenn partizipative Untersuchungen diese Mindeststandards nicht erfüllen (Eßer et al. 2020).

Die Datenerhebung erfolgt, neben klassischen qualitativen oder quantitativen Verfahren der Sozialforschung, bspw. anhand von Workshop-Dokumentationen, subjektiven Landkarten (Zeichnungen) oder anderen Methoden der Verschriftlichung. Zudem können performative oder künstlerische Erhebungs- und Auswertungsmethoden, wie z.B. Ausstellungen oder Theater, genutzt werden (siehe z.B. Kara 2015). Übliche Ansätze sind darüber hinaus Zukunfts- oder Entwicklungswerkstätten, World-Cafés, Open Spaces oder Vision-Workshops (Defila/Di Giulio 2018). In vielen dieser Verfahren steht insbesondere die Erkenntnisgenerierung und nachfolgende Reflexion mit den beteiligten Akteuren im Fokus. Dieser Prozess kann mehrfach und zirkulär ablaufen, z.B. wenn erhobene Daten von Forschenden ausgewertet und in Folgeworkshops mit beteiligten Akteuren kritisch diskutiert werden. Die Reflexion hat dabei nicht nur den Zweck, die Datenanalyse zu validieren, sondern zudem die subjektiven Perspektiven Betroffener besser zu verstehen und möglicherweise auch neue Perspektiven und Fragestellungen zu generieren.

Auf den Punkt gebracht

Um Maßnahmen zur Gesundheitsförderung möglichst zielgruppenadäquat umsetzen zu können, benötigen Akteure Kompetenzen, ihre Praxis zu erforschen. Hierzu können einerseits bestehende Studien und andererseits eigene Untersuchungen herangezogen werden. Zu unterscheiden ist zwischen quantitativ beschreibenden und qualitativ verstehenden Methoden der Datenerhebung und -auswertung.

Mittels Partizipativer Ansätze werden zudem betroffene Akteure in die Forschungspraxis einbezogen und dadurch empowert. Neben klassischen Methoden der empirischen Sozialforschung werden in partizipativen Untersuchungen verstärkt auch handlungsorientierte Methoden angewendet.

Reflexionsfragen

- Welche Forschungsfragen können mittels quantitativer und welche mittels qualitativer Sozialforschung beantwortet werden?
- Welche Forschungsmethoden eignen sich, um in der gesundheitsbezogenen Sozialen Arbeit Fragestellungen zur gesundheitsbezogenen Chancenungerechtigkeit zu untersuchen?
- Was unterscheidet theoriegeleitete von fallverstehend-rekonstruktiven Ansätzen der Gesundheitsforschung?
- Inwieweit können Untersuchungen der Partizipativen Gesundheitsforschung zudem gesundheitsfördernd wirken?

Weiterführende Literatur

Hartung, Susanne/Wihofszky, Petra/Wright, Michael T. (2020): Partizipative Forschung. Ein Forschungsansatz für Gesundheit und seine Methoden. Wiesbaden: Springer.

Ohlbrecht, Heike/Bartel, Susanne (2020): Perspektiven qualitativer Gesundheitsforschung. Weinheim/München: Beltz Juventa.

Przyborski, Aglaja/Wohlrab-Sahr, Monika (2021): Qualitative Sozialforschung. Ein Arbeitsbuch. In Qualitative Sozialforschung. Ein Arbeitsbuch. Wien: De Gruyter Oldenbourg.

Relevante Schwerpunkthefte in der Zeitschrift für Klinische Sozialarbeit

Hinweis: Ausgaben der Klinische Sozialarbeit – Zeitschrift für psychosoziale Praxis und Forschung stehen ein Jahr nach der Veröffentlichung dauerhaft kostenfrei über den ZKS Verlag zur Verfügung.

Forschung in der Klinischen Sozialarbeit. Ausgabe 2/2022. Klinische Sozialarbeit – Zeitschrift für psychosoziale Praxis und Forschung.

Partizipative Forschung. Ausgabe 4/2018. Klinische Sozialarbeit – Zeitschrift für psychosoziale Praxis und Forschung.

Wirkungsorientierung. Ausgabe 3/2017. Klinische Sozialarbeit – Zeitschrift für psychosoziale Praxis und Forschung.

Internetquellen

Arbeitsgruppe DIPEx Germany (2024). Krankheitserfahrungen.de. Erfahrungen mit Gesundheit, Krankheit und Medizin. Medizinische Hochschule Brandenburg Theodor Fontane. Institut für Sozialmedizin und Epidemiologie (Projektleitung: Prof. Dr. phil. Christine Holmberg). [online] Link: https://www.krankheitserfahrungen.de/ [letzter Zugriff am 18.08.2024].

Leibniz-Institut für Psychologie (ZPID). (2019). Open Test Archive. Startseite. [online] Link: https://www.testarchiv.eu/ [letzter Zugriff am 18.08.2024].

Wright, Michael T. (Koordinator). (2023). PartKommPlus – Forschungsverbund für gesunde Kommunen. [online] Link: https://www.partkommplus.de/index.html [letzter Zugriff am 18.08.2024].

Literatur

Adrian, Gerhard/Dietrich, Martin/Esser, Birgit/Hensel, Andreas/Isermeyer, Folkhard/Messner, Dirk/Mettenleiter, Thomas C./Paulini, Inge/Rieweherm, Sabine/Schaade, Lars/Tiesler, Ralph/Wieler, Lothar H. (2023): Auswirkungen des Klimawandels auf Infektionskrankheiten und antimikrobielle Resistenzen – Teil 1 des Sachstandsberichts Klimawandel und Gesundheit 2023. In: Journal of Health Monitoring 8 (S3).

Alisch, Monika (2021): Partizipative Forschung [online]. In: socialnet Lexikon. Bonn: socialnet. Link: https://www.socialnet.de/lexikon/29073 [letzter Zugriff am 28.08.2025].

Antonovsky, Aaron (1997): Salutogenese: zur Entmystifizierung der Gesundheit. Tübingen: dgtv-Verlag.

Badura, Bernhard/Ducki, Antje/Baumgardt, Johanna/Meyer, Markus/Schröder, Helmut (2023): Fehlzeiten-Report 2023. Zeitenwende – Arbeit gesund gestalten. Berlin/Heidelberg: Springer. [online] Link: https://link.springer.com/chapter/10.1007/978-3-662-67514-4_29 [letzter Zugriff am 02.08.2024].

Badura, Bernhard (2017): Arbeit und Gesundheit im 21. Jahrhundert. Mitarbeiterbindung durch Kulturentwicklung. Berlin/Heidelberg: Springer.

Bertsche, Oliver (2021): Berufliche Bildung und Jugendberufshilfe. In: Amthor, Ralph Christian/Goldberg, Brigitta U./Hansbauer, Peter/Landes, Benjamin/Wintergerst, Theresia/Theil, Pia/Kreft, Dieter/Mielenz, Ingrid (Hrsg.): Wörterbuch Soziale Arbeit: Aufgaben, Praxisfelder, Begriffe und Methoden der Sozialarbeit und Sozialpädagogik. 9., vollst. überarb. und akt. Aufl. Weinheim/Basel: Beltz Juventa, S. 140–142.

Bittlingmeyer, Uwe/Ziegler, Holger (2012): Public Health und das gute Leben: Der Capability-Approach als normatives Fundament interventionsbezogener Gesundheitswissenschaften? Berlin: Wissenschaftszentrum Berlin für Sozialforschung (WZB).

Böhnisch, Lothar (2023): Lebensbewältigung. Ein Konzept für die Soziale Arbeit. 3. Aufl. Weinheim/Basel: Beltz Juventa.

Bohnsack, Ralf/Przyborski, Aglaja/Schäffer, Burkhard (2010): Das Gruppendiskussionsverfahren in der Forschungspraxis. 2. Aufl. Opladen: Barbara Budrich.

Boltanski, Luc (1976): Die soziale Verwendung des Körpers. In: Kamper, Dietmar/Rittner, Volker (Hrsg.): Zur Geschichte des Körpers. München/Wien: Carl Hanser, S. 138–177.

Breidenstein, Georg/Hirschauer, Stefan/Kalthoff, Herbert/Nieswand, Boris (2015): Ethnografie. Die Praxis der Feldforschung. 2., überarb. Aufl. Konstanz/München: UTB.

Bundesministerium für Gesundheit (BMG) (2019): Wegeweiser zum gemeinsamen Verständnis von Gesundheitsförderung und Prävention bei Kindern und Jugendlichen in Deutschland. Berlin: Bundesministerium für Gesundheit (BMG).

Creutzburg, Isabel/Müller, Matthias/Bräutigam, Barbara (2024): Forschungsstand zur aufsuchenden Sozialen Arbeit. In: Müller, Matthias/Bräutigam, Barbara (Hrsg.): Aufsuchende Soziale Arbeit: Grundlagen, Praxisfelder und Fallbeispiele. Stuttgart: Kohlhammer, S. 22–33.

Crossley, Michele L (2003): »Would you consider yourself a healthy person?«: using focus groups to explore health as a moral phenomenon. In: Journal of health psychology, 8 (5), S. 501–514.

Dalhlgren, Göran/Whitehead, Margaret (1991): Policies and strategies to promote social equity in health. Background document to WHO – Strategy paper for Europe.

Defila, Rico/Di Giulio, Antonietta (2018): Transdisziplinär und transformativ forschen: Eine Methodensammlung. Wiesbaden: Springer VS.

Destatis/WZB/BiB (2024): Sozialbericht 2024. Ein Datenreport für Deutschland. Berlin: Bundeszentrale für politische Bildung (bpb). [online] Link: www.sozialbericht.de [letzter Zugriff am 15.02.2025].

Deutscher Berufsverband für Soziale Arbeit e.V. (DBSH) (2016): Deutschsprachige Definition Sozialer Arbeit des Fachbereichstag Soziale Arbeit und DBSH. Berlin: Deutscher Berufsverband für Soziale Arbeit e.V. (DBSH). [online] Link: https://www.dbsh.de/profession/definition-der-sozialen-arbeit/deutsche-fassung.html [letzter Zugriff am 28.08.2025].

Dewe, Bernd/Otto, Hans-Uwe (2010): Reflexive Sozialpädagogik. Grundstrukturen eines neuen Typs dienstleitungsorientierten Professionshandelns. In: Thole, Werner (Hrsg.): Grundriss Soziale Arbeit. Ein einführendes Handbuch. 3. Aufl. Wiesbaden: Springer VS, S. 197–217.

Emirbayer, Mustafa/Mische, Ann (2017): Was ist Agency? In: Löwenstein, Heiko/Emirbayer, Mustafa (Hrsg.): Netzwerke, Kultur und Agency Problemlösungen in relationaler Methodologie und Sozialtheorie. Weinheim/Basel: Beltz Juventa, S. 138–209.

Engelmann, Fabian/Halkow, Anja (2008): Der Setting-Ansatz in der Gesundheitsförderung: Genealogie, Konzeption, Praxis, Evidenzbasierung. Berlin.

Eßer, Florian/Schär, Clarissa/Schnurr, Stefan/Schröer Wolfgang (2020): Partizipative Forschung in der Sozialen Arbeit. Teilhabe an der Wissensproduktion unter Bedingungen sozialer Ungleichheit. In: neue praxis, Sonderheft 16, S. 3–23.

Faltermaier, Toni (2020): Subjektive Gesundheit: Alltagskonzepte von Gesundheit. In: Leitbegriffe der Gesundheitsförderung. Köln: Bundeszentrale für gesundheitliche Aufklärung (BZgA). [online] Link: https://doi.org/10.17623/BZGA:Q4-i119-3.0 [letzter Zugriff am 28.08.2025].

Faltermaier, Toni (2002): Gesundheitsvorstellungen und Laienkompetenz. Die Bedeutung des Subjekts für die Gesundheitspraxis. In: Psychomed, 14 (3), S. 149–154.

Faltermaier, Toni (2019): Subjektperspektive in der Gesundheitsarbeit Ein gesundheitspsychologischer Ansatz zur Arbeit mit subjektiven Gesundheits- und Krankheitstheorien. In: Zeitschrift für Klinische Sozialarbeit, 15 (3), S. 4–6.

Flick, Uwe (1998): Subjektive Vorstellungen von Gesundheit und Krankheit. Überblick und Einleitung. In: Flick, Uwe (Hrsg.): Wann fühlen wir uns gesund? Subjektive Vorstellungen von Gesundheit und Krankheit. Weinheim/München: Juventa, S. 7–30.

Flick, Uwe/Röhnisch, Gundula (2008): Gesundheit auf der Straße. Gesundheitsvorstellungen und Umgang mit Krankheit im Kontext von Jugendobdachlosigkeit. Weinheim/München: Juventa.

Franzkowiak, Peter (2025): Prävention und Krankheitsprävention. In: Bundesinstitut für Öffentliche Gesundheit (BIÖG) (Hrsg.): Leitbegriffe der Gesundheitsförderung und Prävention. Glossar zu Konzepten, Strategien und Methoden. Köln: Bundesinstitut für Öffentliche Gesundheit (BIÖG). [online] Link: https://doi.org/10.17623/BIOEG:Q4-i091-4.0 [letzter Zugriff am 28.08.2025].

Franzkowiak, Peter/Homfeldt, Hans Günther/Mühlum, Albert (2011): Lehrbuch Gesundheit. Weinheim/München: Beltz Juventa.

Fröhlich-Gildhoff, Klaus (2020): Resilienz – was ist das? In: Zeitschrift für Klinische Sozialarbeit, 4 (16), S. 4–8.

Fröhlich-Gildhoff, Klaus/Rönnau-Böse, Maike (2022): Resilienz. München: Ernst Reinhardt.

Fröhlich-Gildhoff, Klaus/Rönnau-Böse, Maike (2021): Resilienz. In: Goldberg, Brigitta/Amthor, Ralph-Christian/Hansbauer, Peter/Landes, Benjamin/Wintergerst, Theresia (Hrsg.): Wörterbuch Soziale Arbeit. 9., vollst. überarb. und akt. Aufl. Weinheim/Basel: Beltz Juventa, S. 706f.

Gahleitner, Silke Brigitta/Homfeldt, Hans Günther (2013): Gesundheitsbezogene Soziale Arbeit und soziale(s) Netzwerke(n). In: Fischer, Jörg/Kossellek, Tobias (Hrsg.): Netzwerke und Soziale Arbeit. Theorien, Methoden, Anwendungen. 2. Aufl. Weinheim/Basel: Beltz Juventa, S. 494–516.

Gesetzliche Krankenversicherung (GKV) (2023): Leitfaden Prävention Handlungsfelder und Kriterien nach § 20 Abs. 2 SGB V zur Umsetzung der §§ 20, 20a und 20b SGB V vom 21. Juni 2000 in der Fassung vom 4. Dezember 2023. Berlin: Gesetzliche Krankenversicherung (GKV).

Gintzel, Ullrich (2017): Partizipation. In: Mielenz, Ingrid/Kreft, Dieter (Hrsg.): Wörterbuch Soziale Arbeit: Aufgaben, Praxisfelder, Begriffe und Methoden der Sozialarbeit und Sozialpädagogik. 8. Aufl. Weinheim: Beltz Juventa, S. 700–704.

Grunwald, Klaus/Thiersch, Hans (2015): Lebensweltorientierung. In: Otto, Hans-Uwe/Grunwald, Klaus (Hrsg.): Handbuch Soziale Arbeit. Grundlagen der Sozialarbeit und Sozialpädagogik. 5. Aufl. München: Ernst Reinhard, S. 934–943.

Grunwald, Klaus/Thiersch, Hans (2009): The concept of the »lifeworld orientation« for social work and social care. In: Journal of Social Work Practice, 23(2), S. 131–146.

Hansbauer, Peter/Merchel, Joachim/Schone, Reinhold (2024): Kinder- und Jugendhilfe: Grundlagen, Handlungsfelder, professionelle Anforderungen. 2., aktual. Aufl. Stuttgart: Kohlhammer.

Hartung, Susanne (2012): Partizipation – wichtig für die individuelle Gesundheit? Auf der Suche nach Erklärungsmodellen. In: Rosenbrock, Rolf/Hartung, Susanne (Hrsg.): Handbuch Partizipation und Gesundheit. Bern: Hans Huber/Hogrefe, S. 57–78.

Hartung, Susanne/Faller, Gudrun (2025). Betriebliche Gesundheitsförderung. In: Bundesinstitut für Öffentliche Gesundheit (BIÖG) (Hrsg.): Leitbegriffe der Gesundheitsförderung und Prävention. Glossar zu Konzepten, Strategien und Methoden. [online] Link: https://doi.org/10.17623/BIOEG:Q4-i042-3.0 [letzter Zugriff am 28.08.2025].

Hartung, Susanne/Rosenbrock, Rolf (2022): Settingansatz/Lebensweltansatz. In: Leitbegriffe der Gesundheitsförderung und Prävention. Glossar zu Konzepten, Strategien und Methoden. Köln: Bundeszentrale für gesundheitliche Aufklärung (BZgA). [online] Link: https://leitbegriffe.bzga.de/alphabetisches-verzeichnis/settingansatz-lebensweltansatz/ [letzter Zugriff am 28.08.2025].

Hartung, Susanne/Wihofszky, Petra/Wright, Michael T. (2020): Partizipative Forschung. Ein Forschungsansatz für Gesundheit und seine Methoden. Wiesbaden: Springer.

Heid, Karen/Kuchler, Maja/Beckmann, Saskia/Habig, Celine/Rademaker, Anna Lena/Quilling, Eike (2023): Psychosoziale Gesundheit benachteiligter Jugendlicher. Lebensweltbezogene Gesundheitsförderung im Übergang von Schule in den Beruf in und nach der Corona-Krise. In: Zeitschrift für Klinische Sozialarbeit, 14 (19), S. 7–9.

Helfferich, Cornelia (2011): Die Qualität qualitativer Daten. Manual für die Durchführung qualitativer Interviews. 4. Auflage. Wiesbaden: Springer VS.

Herriger, Norbert (2024): Empowerment in der Sozialen Arbeit: eine Einführung. 7., erw. und akt. Aufl. Stuttgart: Kohlhammer.

Hochuli Freund, Ursula/Stotz, Walter (2021): Kooperative Prozessgestaltung in der Sozialen Arbeit: ein methodenintegratives Lehrbuch. Unter Mitarbeit von Raphaela Sprenger. 5., überarb. Aufl. Stuttgart: Kohlhammer.

Homfeldt, Hans Günther (2010a): Gesundheit und Soziale Arbeit. In: Schröer, Wolfgang/Schweppe, Cornelia (Hrsg.): Enzyklopädie Erziehungswissenschaft Online. [online] Link: https://doi.org/10.3262/EEO14100063 [letzter Zugriff am 28.08.2025], S. 1–33.

Homfeldt, Hans Günther (2010b): Soziale Arbeit im Gesundheitswesen und in der Gesundheitsförderung. In: Thole, Werner (Hrsg.): Grundriss Soziale Arbeit. Ein einführendes Handbuch. 3., überarb. Aufl. Wiesbaden: Springer VS, S. 489–503.

Homfeldt, Hans Günther (2018): Kooperation der Kinder- und Jugendhilfe mit der Gesundheits- und Behindertenhilfe und der Schule. In: Böllert, Karin (Hrsg.): Kompendium Kinder- und Jugendhilfe. Band 2. Wiesbaden: Springer VS, S. 1193–1212.

Homfeldt, Hans Günther (2014): Körper/Leib, Gesundheit(-sförderung) und Soziale Arbeit. Die Verankerung als fachlicher Standard. In: Sozial Extra, 38 (1), S. 33–36.

Homfeldt, H. G., & Rademaker, A. L. (2025). Gesundheitsbezogene Soziale Arbeit. In: W. Thole (Hrsg.): Grundriss Soziale Arbeit. Ein einführendes Handbuch, 5. Aufl., i. E. Wiesbaden: VS Verlag für Sozialwissenschaften.

Homfeldt, Hans Günther/Rademaker, Anna Lena (2026): Soziale Arbeit im Gesundheitswesen. In: Amthor, Ralph-Christian/Goldberg, Brigitta/Hansbauer, Peter/Landes, Benjamin/Wintergerst, Theresia (Hrsg.): Wörterbuch Soziale Arbeit: Aufgaben, Praxisfelder, Begriffe und Methoden der Sozialarbeit und Sozialpädagogik. 10. Aufl. (i. E.). Weinheim/Basel: Beltz Juventa, S. 762–767.

Homfeldt, Hans Günther/Schröer, Wolfgang/Schweppe, Cornelia (2009): Lebenslage Jugend: Armut, Agency und Jugendpolitik. In: ZSE Zeitschrift für Soziologie der Erziehung und Sozialisation, 4, S. 359–370.

Homfeldt, Hans Günther/Steigleder, Sandra (2003): Gesundheitsvorstellungen und Lebenswelt. Subjektive Vorstellungen von Bewohnern benachteiligter Wohngebiete über Gesundheit und ihre Einflussfaktoren. Weinheim/München: Juventa.

Hopf, Michaela/Gramelt, Katja (2023): Frühe Hilfen und Familienbildung. In: van Rießen, Anne/Bleck, Christian (Hrsg.): Handlungsfelder und Adressierungender Sozialen Arbeit. Stuttgart: Kohlhammer, S. 26–33.

Hurrelmann, Klaus/Bauer, Ullrich (2021): Einführung in die Sozialisationstheorie. 14. Aufl. Weinheim/Basel: Beltz.

International Federation of Social Workers (IFSW) (2014): Global Definition of Social Work. In: International Federation of Social Workers. [online] Link: https://www.ifsw.org/what-is-social-work/global-definition-of-social-work/ [letzter Zugriff am 28. 08. 2025].

International Federation of Social Workers (IFSW) (2008): Health. [online] Link: https://www.ifsw.org/health/ [letzter Zugriff am 28. 08. 2025].

Josupeit, Jan/Dadaczynski, Kevin/Quilling, Eike (2022): Die Relevanz von Netzwerkarbeit in der schulischen Gesundheitsförderung. In: Bundesgesundheitsblatt – Gesundheitsforschung – Gesundheitsschutz, 65 (7–8), S. 829–835.

Josupeit, Jan/Schäfer, Philipp/Tollmann, Patricia/Leimann, Janna/Kaczmarczyk, Dörte/Kausemann, Carolin/Quilling, Eike (2023): Gesundheitsförderung mit Kindern und Jugendlichen: Der Ansatz der Gesundheitsförderungskultur. In: Prävention und Gesundheitsförderung, 19, S. 22–27.

Kabisch, Sigrun/Rink, Dieter/Banzhaf, Ellen (2023): Die Resiliente Stadt: Konzepte, Konflikte, Lösungen. Berlin/Heidelberg : Springer Spektrum.

Kara, Helen (2015): Creative Research Methods in the Social Sciences: A Practical Guide. Bristol: University Press.

Kessl, Fabian/Reutlinger, Christian (2021): Sozialraumorientierung. In: Goldberg, Brigitta/Amthor, Ralph-Christian/Hansbauer, Peter/Landes, Benjamin/Wintergerst, Theresia (Hrsg.): Wörterbuch Soziale Arbeit: Aufgaben, Praxisfelder, Begriffe und Methoden der Sozialarbeit und Sozialpädagogik. 9., vollst. überarb. und akt. Aufl. Weinheim/Basel: Beltz Juventa, S. 849–853.

Kessl, Fabian/Reutlinger, Christian (2022): Sozialraum: eine Bestimmung. In: Kessl, Fabian/Reutlinger, Christian (Hrsg.): Sozialraum eine elementare Einführung. Wiesbaden: Springer VS, S. 7–31.

Kleemann, Frank/Krähnke, Uwe/Matuschek, Ingo (2013): Interpretative Sozialforschung Eine Einführung in die Praxis des Interpretierens. Wiesbaden: VS Verlag für Sozialwissenschaften.

Klimke, Daniela/Lautmann, Rüdiger/Stäheli, Urs/Weischer, Christoph/Wienold, Hanns (2020): Lexikon zur Soziologie. 6. Aufl. Wiesbaden: Springer Fachmedien.

Köckler, Heike/Geene, Raimund (2022): Gesundheit in allen Politikfeldern/Health in All Policies (HiAP). In: Bundeszentrale für gesundheitliche Aufklärung (BZgA) (Hrsg.): Leitbegriffe der Gesundheitsförderung und Prävention. Glossar zu Konzepten, Strategien und Methoden. Köln: Bundeszentrale für gesundheitliche Aufklärung (BZgA). [online] Link: https://doi.org/10.17623/BZGA:Q4-i157-1.0 [letzter Zugriff am 28.08.2025].

Kooperationsverbund Gesundheitliche Chancengleichheit (KGC) (2013): Integrierte kommunale Strategien als Beitrag zur Verbesserung gesundheitlicher Chancengleichheit für Kinder und Jugendliche. Berlin: Kooperationsverbund Gesundheitliche Chancengleichheit (KGC).

Kreft, Dieter (2017): Handlungskompetenz. In: Kreft, Dieter/Mielenz, Ingrid (Hrsg.): Wörterbuch Soziale Arbeit. Aufgaben, Praxisfelder, Begriffe und Methoden der Sozialarbeit und Sozialpädagogik. 6. Aufl. Weinheim/München: Beltz Juventa, S. 452–455.

Kröger, Christine/Pauls, Helmut/Gahleitner, Silke B. (2023): Klinische Sozialarbeit. In: van Rießen, Anne/Bleck, Christian (Hrsg.): Handlungsfelder und Adressierungen Sozialer Arbeit. Stuttgart: Kohlhammer, S. 359–366.

Kunkel, Peter-Christian (2016): Gesetzliche Verankerung von Schulsozialarbeit. Expertise. Frankfurt am Main: DIPF | Leibniz-Institut für Bildungsforschung und Bildungsinformation.

Kurth, Bärbel-Maria (2012): Das RKI-Gesundheitsmonitoring – was es enthält und wie es genutzt werden kann. In: Public Health Forum, 20 (3), S. 4e1–4e3.

Lambers, Helmut (2020): Theorien der Sozialen Arbeit. Ein Kompendium und Vergleich. 5. Aufl. Opladen/Toronto: Barbara Budrich.

Leideritz, Manuela (2021): Multidisziplinarität, Interdisziplinarität. In: Goldberg, Brigitta/Amthor, Ralph-Christian/Hansbauer, Peter/Landes, Benjamin/Wintergerst, Theresia (Hrsg.): Wörterbuch Soziale Arbeit. Aufgaben, Praxisfelder, Begriffe und Methoden der Sozialarbeit und Sozialpädagogik. 9. Aufl. Weinheim und München: Beltz Verlagsgruppe.

Lenz, Albert (2011a): Ressourcen und Resilienz. In: Lenz, Albert (Hrsg.): Empowerment. Handbuch für die ressourcenorientierte Praxis. Tübingen: dgtv-Verlag, S. 57–76.

Lenz, Albert (2011b): Die Empowermentperspektive in der psychosozialen Praxis. In: Lenz, Albert (Hrsg.): Empowerment. Handbuch für die ressourcenorientierte Praxis. Tübingen: dgtv-Verlag, S. 13–38.

Lenz, Albert (2019): Ressourcen psychisch kranker und suchtkranker Eltern stärken: ein Gruppenprogramm zur Prävention von Kindesmisshandlung und -vernachlässigung. Göttingen: Hogrefe.

Lenz, Albert (2022): Kinder psychisch kranker Eltern stärken: Informationen zur Förderung von Resilienz in Familie, Kindergarten und Schule. 2. Aufl. Göttingen: Hogrefe.

Lepore, Stephen J./Revenson, Tracey, A. (2006): Resilience and Posttraumatic Growth: Recovery, Resistance and Reconfiguration. In: Calhoun, Lawrence, G./ Tedeschi, Richard G. (Hrsg.): Handbook of Posttraumatic Growth. Research and Practice. Mahwah u. a.: Lawrence, S. 24–46.

Leppin, Anja (2014): Konzepte und Strategien der Prävention. In: Hurrelmann, Klaus/Klotz, Theodor/Haisch, Jochen (Hrsg.): Lehrbuch Prävention und Gesundheitsförderung. 4. Aufl. Bern: Hans Huber, S. 36–44.

Liel, Katrin/Rademaker, Anna Lena (2020): Gesundheitsförderung und Prävention – quo vadis Kinder- und Jugendhilfe? Eine Bilanz 10 Jahre nach dem 13. Kinder- und Jugendbericht. Weinheim/Basel: Beltz Juventa.

Liesner, Antje/Heid, Karen/Kuchler, Maja/Rademaker, Anna Lena/Quilling, Eike (2023): Komm da mal drauf klar! Gesund aufwachsen in Zeiten des Wandels und der multiplen Krise. Resilienz- und Teilhabeförderung zur Prävention seelischer Störungen im Kindes- und Jugendalter durch Soziale Arbeit. In: Forum Jugendhilfe, 4, S. 42–49.

Löw, Martina (2023): Raumsoziologie. Berlin: Suhrkamp.

Mairhofer, Andreas (2017): Angebote und Strukturen der Jugendberufshilfe: eine Forschungsübersicht: Expertise. München: Deutsches Jugendinstitut.

Mayer, Dennis/Hollederer, Alfons (2024): Arbeitszufriedenheit in Sozial- und Gesundheitsberufen. Ergebnisse der repräsentativen BIBB/BAuA-Erwerbstätigenbefragung 2018. Düsseldorf. [online] Link: https://www.boeckler.de/de/faust-detail.htm?sync_id=10021 [letzter Zugriff am 28.08.2025].

McGrath, Coretta/Peucker, Christian/Seckinger, Mike (2024): Bedarfsanalyse zu Studienplätzen in der Sozialen Arbeit in Bayern. Abschlussbericht zum StuBay-Forschungsprojekt Abschlussbericht. München: Deutsches Jugendinstitut.

Möbius, Thomas (2021): Ressourcenorientierung. In: Goldberg, Brigitta/Amthor, Ralph-Christian/Hansbauer, Peter/Landes, Benjamin/Wintergerst, Theresia (Hrsg.): Wörterbuch Soziale Arbeit: Aufgaben, Praxisfelder, Begriffe und Methoden der Sozialarbeit und Sozialpädagogik. 9., vollst. überarb. und akt. Aufl. Weinheim/Basel: Beltz Juventa, S. 710–712.

Müller, Matthias/Bräutigam, Barbara (2024): Aufsuchende Soziale Arbeit: Grundlagen, Praxisfelder und Fallbeispiele. Stuttgart: Kohlhammer.

NAS/IOM (1988): The Future of Public Health. Washington, DC: National Academies Press.

Nickel, Stefan/Trojan, Alf (2024): Capacity Building/Kapazitätsentwicklung. In: Bundeszentrale für gesundheitliche Aufklärung (BZgA) (Hrsg.): Leitbegriffe der Gesundheitsförderung und Prävention. Glossar zu Konzepten, Strategien und Methoden. Köln: Bundeszentrale für gesundheitliche Aufklärung (BZgA). [online] Link: https://doi.org/10.17623/BZGA:Q4-i007-3.0 [letzter Zugriff am 28.08.2025].

Noack, Michael (2022): Sozialraumorientierung. In: socialnet Lexikon. Bonn: socialnet. [online] Link: https://www.socialnet.de/lexikon/4392 [letzter Zugriff am 28.08.2025].

Nussbaum, Martha (2012): Gerechtigkeit oder das gute Leben. Gender Studies. 7. Aufl. Frankfurt am Main: Suhrkamp.

Nussbaum, Martha C (2016): Gerechtigkeit oder das gute Leben. Berlin: Suhrkamp.

Office of the High Commissioner Human Rights (OHCHR) (2008): The Right to Health. Fact sheet no. 31. Geneva/New York: Office of the High Commissioner Human Rights (OHCHR).

Ohlbrecht, Heike/Bartel, Susanne (2020): Perspektiven qualitativer Gesundheitsforschung. Weinheim /Basel: Beltz Juventa.

Ohlbrecht, Heike/Dreßke, Stefan (2019): Alltagswissen über Körper, Gesundheit und Krankheit aus soziologischer Perspektive. In: Zeitschrift für Klinische Sozialarbeit, 15 (3), S. 7–9.

Otto, Hans-Uwe/Scherr, Albert/Ziegler, Holger (2013): On the normative Foundation of Social Welfare – Capabilities as a Yardstick for Critical Social Work. In: Otto, Hans Uwe/Ziegler, Holger (Hrsg.): Enhancing Capabilities. The Role of Social Institutions. Opladen: Barbara Budrich, S. 197–230.

Przyborski, Aglaja/Wohlrab-Sahr, Monika (2021): Qualitative Sozialforschung. Ein Arbeitsbuch. In: Przyborski, Aglaja/Wohlrab-Sahr, Monika: Qualitative Sozialforschung. Ein Arbeitsbuch. Wien: De Gruyter Oldenbourg.

Quenzel, Gudrun (2015): Entwicklungsaufgaben und Gesundheit im Jugendalter. Weinheim/Basel: Beltz.

Quenzel, Gudrun/Hurrelmann, Klaus (2022): Lebensphase Jugend. 14. Aufl. Weinheim/Basel: Beltz Juventa.

Quilling, Eike/Bauer, Jana/Christ, Annette/Tollmann, Patricia/Wolter, Hans (2023): Gesunde Städte-Netzwerk. In: Bundeszentrale für gesundheitliche Aufklärung (BZgA) (Hrsg.): Leitbegriffe der Gesundheitsförderung und Prävention. Glossar zu Konzepten, Strategien und Methoden. Bundeszentrale für gesundheitliche Aufklärung (BZgA). [online] Link: https://doi.org/10.17623/BZGA:Q4-i152-1.0 [letzter Zugriff am 28.08.2025].

Quilling, Eike/Dadaczynski, Kevin/Müller, Merle (2016): Settingbezogene Prävention von Übergewicht im Kindes-und Jugendalter. In: Bundesgesundheitsblatt, 59, S. 1394–1404.

Quilling, Eike/Kruse, Stefanie/Babitsch, Birgit/Dadaczynski, Kevin/Köckler, Heike/Walter, Ulla/Plantz, Christina (2020): Work Package 6 – Healthy Living Environments. Deliverable D6.1 Policy Framework for Action.

Quilling, Eike/Kuchler, Maja/Leimann, Janna/Mielenbrink, Vivien/Terhorst, Stefanie/Tollmann, Patricia/Dieterich, Sven (2021): Koordination kommunaler Gesundheitsförderung. Entwicklung eines Aufgaben- und Kompetenzprofils. Berlin: GKV-Spitzenverband.

Quilling, Eike/Leimann, Janna/Tollmann, Patricia (2022): Kommunale Gesundheitsförderung. In: Bundeszentrale für gesundheitliche Aufklärung (BZgA) (Hrsg.): Leitbegriffe der Gesundheitsförderung und Prävention. Glossar zu Konzepten, Strategien und Methoden. Bundeszentrale für gesundheitliche Aufklärung (BZgA). [online] Link: https://doi.org/10.17623/BZGA:Q4-i043-1.0 [letzter Zugriff am 28.08.2025].

Quilling, Eike/Müller, Merle (2017): Gesundes Aufwachsen im Quartier – interdisziplinäre Netzwerkarbeit im Spannungsfeld von Jugend- und Gesundheitshilfe. In: Fabian, Carlo/Drilling, Matthias/Niermann, Oliver/Schnur, Olaf (Hrsg.): Quartier und Gesundheit. Wiesbaden: Springer Fachmedien, S. 139–155.

Rademaker, Anna Lena (2017): Agency und Gesundheit in der Lebenswelt junger Menschen. In: Neue Praxis, 5 (47), S. 401–420.

Rademaker, Anna Lena (2018): Agency und Gesundheit in jugendlichen Lebenswelten Herausforderungen für die Soziale Arbeit. Weinheim/Basel: Beltz Juventa.

Rademaker, Anna Lena (2020a): Gesundheitsförderung: ein fachlicher Standard in der Kinder- und Jugendhilfe. In: Liel, Katrin/Rademaker, Anna Lena (Hrsg.): Gesundheitsförderung und Prävention – quo vadis Kinder- und Jugendhilfe? Eine Bilanz 10 Jahre nach dem 13. Kinder- und Jugendbericht. Weinheim/München: Beltz Juventa, S. 184–198.

Rademaker, Anna Lena (2020b): Potentiale der Kinder- und Jugendhilfe für Gesundheitsförderung im Setting Schule. In: Liel, Katrin/Rademaker, Anna Lena (Hrsg.): Gesundheitsförderung und Prävention – quo vadis Kinder- und Jugendhilfe? Eine Bilanz 10 Jahre nach dem 13. Kinder- und Jugendbericht. Weinheim/München: Beltz Juventa Verlag, S. 131–136.

Rademaker, Anna Lena (2021): Der Wegeweiser. Gesundheit von Jugendlichen nachhaltig stärken und gesundheitliche Chancengleichheit fördern. In: Standpunkte THEMA, 1, S. 12–15.

Rademaker, Anna Lena (2022): Gesundheitsförderung in der Kinder- und Jugendhilfe. In: FORUM Jugendhilfe, H. 2, S. 4–12.

Rademaker, Anna Lena (2023): Gesundheitsbezogene Soziale Arbeit im Sozialwesen. In: van Rießen, Anne/Bleck, Christian (Hrsg.): Handlungsfelder und Adressierungen der Sozialen Arbeit. Stuttgart: Kohlhammer, S. 342–351.

Rademaker, Anna Lena (2024): Soziale Arbeit im Kontext Gesundheit. Eine Systematisierung der Handlungsbereiche,-felder und Basiskonzepte. In: FORUM sozialarbeit + gesundheit, 2, S. 10–13.

Rademaker, Anna Lena/Altenhöner, Thomas (2021): Gesundheitsförderung und Prävention in der Sozialen Arbeit. In: Dettmers, Stephan/Bischkopf, Jannette (Hrsg.): Handbuch gesundheitsbezogene Soziale Arbeit. 2., aktual. Aufl. München: Ernst Reinhard, S. 147–162.

Rademaker, Anna Lena/Lenz, Albert (2019): Relationale Wirksamkeit im präventiven Kinderschutz: Evaluation der modularen Gruppenintervention »Ressourcen psychisch kranker und suchtkranker Eltern stärken«. In: Praxis der Kinderpsychologie und Kinderpsychiatrie, 68, S. 43–62.

Rademaker, Anna Lena/Quilling, Eike (2022): Projekte sind gut-Strategien sind besser!? Potenziale integrierter Strategien zur kommunalen Gesundheitsförderung. In: FORUM sozialarbeit + gesundheit, S. 6–11.

Rappaport, Julian (1987): Terms of empowerment/exemplars of prevention: Toward a theory for community psychology. In: American Journal of Community Psychology, 15 (2), S. 121–148.

Razum, Oliver/Kolip, Petra (2020): Gesundheitswissenschaften: eine Einführung. In: Kolip, Petra/Razum, Oliver (Hrsg.): Handbuch Gesundheitswissenschaften. Weinheim/Basel: Beltz Juventa, S. 19–43.

Reisig, Veronika/Kuhn, Joseph (2025): Öffentlicher Gesundheitsdienst (ÖGD) und Gesundheitsförderung. In: Bundesinstitut für Öffentliche Gesundheit (BIÖG) (Hrsg.): Leitbegriffe der Gesundheitsförderung und Prävention. Glossar zu Konzepten, Strategien und Methoden. Köln: Bundesinstitut für Öffentliche Gesundheit (BIÖG). [online] Link: https://doi.org/10.17623/BIOEG:Q4-i081-4.0 [letzter Zugriff am 28.08.2025]

Robert Koch-Institut (2015): Gesundheit in Deutschland. Gesundheitsberichterstattung des Bundes. Berlin: Robert Koch-Institut. [online] Link: https://doi.org/10.17886/rkipubl-2015-003 [letzter Zugriff am 28.08.2025].

Robert Koch-Institut (2021): Gesundheitsmonitoring. Studien und Surveillance. [online] Link: https://www.rki.de/DE/Content/Gesundheitsmonitoring/Studien/Studien_node.html [letzter Zugriff: 09.11.2023].

Rosenbrock, Rolf/Hartung, Susanne (2012): Handbuch Partizipation und Gesundheit. Bern: Hans Huber.

Rotter, Julian B (1989): Internal Versus External Control of Reinforcement A Case History of a Variable. In: American Psychologist Assosiation, 45 (4), S. 489–493.

Schramme, Thomas (2012): Krankheitstheorien. Berlin: Suhrkamp.

Schütze, Fritz (1973): Zur Einführung: Alltagswissen, Interaktion und Gesellschaftliche Wirklichkeit. In: Arbeitsgruppe Bielefelder Soziologen (Hrsg.): Alltagswissen, Interaktion und gesellschaftliche Wirklichkeit. Reinbeck bei Hamburg: Rowohlt, S. 11–53.

Seckinger, Mike/Lenz, Albert (2020): Kooperation und Netzwerkbildung zwischen Schule, Gesundheitssystem und Kinder- und Jugendhilfe. In: Liel, Katrin/Rademaker, Anna Lena (Hrsg.): Gesundheitsförderung und Prävention – quo vadis Kinder- und Jugendhilfe? Eine Bilanz 10 Jahre nach dem 13. Kinder- und Jugendbericht. Weinheim/Basel: Beltz Juventa, S. 212–222.

Sekler, Koralia/Strahl, Benjamin (2024): Verbesserung der Situation von Kindern psychisch und suchterkrankter Eltern – Empfehlungen und ihre Umsetzung. In: Zeitschrift für Klinische Sozialarbeit, 4, S. 4–6.

Sen, Amartya (2005): Human Rights and Capabilities. In: Journal of Human Development, 6 (2), S. 151–166.

Shapiro, Valerie B./Oesterle, Sabrina/Hawkins, J. David (2015): Relating Coalition Capacity to the Adoption of Science-Based Prevention in Communities: Evidence from a Randomized Trial of Communities That Care HHS Public Access. In: American Journal of Community Psychology, 55, S. 1–12.

Sperlich, Stefanie/Franzkowiak, Peter (2022): Risikofaktoren und Risikofaktorenmodell. In: Leitbegriffe der Gesundheitsförderung und Prävention. Glossar zu Konzepten, Strategien und Methoden. Köln: Bundeszentrale für gesundheitliche Aufklärung (BZgA). [online] Link: https://doi.org/10.17623/BZGA:Q4-i102-3.0 [letzter Zugriff am 28.08.2025].

Thiersch, Hans (2013): AdressatInnen der Sozialen Arbeit. In: Graßhoff, Gunther (Hrsg.): Adressaten, Nutzer, Agency. Akteursbezogene Forschungsperspektiven in der Sozialen Arbeit. Wiesbaden: Springer VS, S. 17–32.

Urban-Stahl, Ulrike (2021): Partizipation. In: Goldberg, Brigitta/Amthor, Ralph-Christian/Hansbauer, Peter/Landes, Benjamin/Wintergerst, Theresia (Hrsg.): Wörterbuch Soziale Arbeit: Aufgaben, Praxisfelder, Begriffe und Methoden der Sozialarbeit und Sozialpädagogik. 9., vollst. überarb. und akt. Aufl. Weinheim/Basel: Beltz Juventa, S. 636–641.

van Santen, Eric/Seckinger, Mike (2003): Kooperation: Mythos und Realität einer Praxis. Eine Empirische Studie zur interinstitutionellen Zusammenarbeit am Beispiel der Kinder- und Jugendhilfe. München: DJI Verlag.

van Santen, Eric/Seckinger, Mike (2011): Die Bedeutung von Vertrauen für interorganisatorische Beziehungen – ein Dilemma für die Soziale Arbeit. In: Zeitschrift für Sozialpädagogik, 9, S. 387–404.

Vester, Michael (2009): Milieuspezifische Lebensführung und Gesundheit. In: Jahrbuch für kritische Medizin und Gesundheitswissenschaften, 45, S. 36–56.

von Unger, Hella (2014): Partizipative Forschung Einführung in die Forschungspraxis. Wiesbaden: Springer Fachmedien.

World Health Organization (WHO) (1948): Constitution of the World Health Organization. New York: World Health Organization (WHO).

World Health Organization (WHO) (1986): Ottawa Charta zur Gesundheitsförderung. Ottawa: World Health Organization (WHO).

World Health Organization (WHO) (1997): Jakarta Declaration on Leading Health Promotion into the 21st Century. Jakarta: World Health Organization (WHO). [online] Link: https://www.who.int/teams/health-promotion/enhanced-well being/fourth-global-conference/jakarta-declaration [letzter Zugriff am 28.08. 2025].

Wright, Michael T. (2010): Partizipative Qualitätsentwicklung in der Gesundheitsförderung und Prävention. Bern: Hans Huber.

Wright, Michael/Block, Martina/von Unger, Hella (2007): Stufen der Partizipation in der Gesundheitsförderung. In: Teilhabe stärken – Empowerment fördern. Gesundheitschancen verbessern. Berlin.

Wright, Michael T./von Unger, Hella/Block, Marina (2010): Partizipation der Zielgruppe in der Gesundheitsförderung und Prävention. In: Wright, Michael T. (Hrsg.): Partizipative Qualitätsentwicklung in der Gesundheitsförderung und Prävention. Bern: Hans Huber, S. 35–51.

Ziegler, Holger (2009): Human Development and Capabilities – Wohlergehen als Maßeinheit zur Bestimmung des Nutzens Sozialer Arbeit für ihre AdressatInnen. In: Homfeldt, Hans Günther/Reutlinger, Christian (Hrsg.): Soziale Arbeit und soziale Entwicklung. Baltmannsweiler: Schneider Verlag Hohengehren, S. 126–147.

Ziegler, Holger (2011): Gerechtigkeit und Soziale Arbeit: Capabilities als Antwort auf das Maßstabsproblem in der Sozialen Arbeit. In: Böllert, Karin (Hrsg.): Soziale Arbeit als Wohlfahrtsproduktion. Wiesbaden: Springer VS, S. 153–166.